ILUMINAÇÃO
Simplificando o projeto

MAURI LUIZ DA SILVA

ILUMINAÇÃO
Simplificando o projeto

Editora Ciência Moderna
Rio de Janeiro, 2009

ILUMINAÇÃO - Simplificando o projeto

Copyright © 2009 Editora Ciência Moderna Ltda.
Todos os direitos para a língua portuguesa reservados pela Editora Ciência Moderna Ltda. De acordo com a Lei 9.610 de 19/2/1998, nenhuma parte deste livro poderá ser reproduzida, transmitida e gravada, por qualquer meio eletrônico, mecânico, por fotocópia e outros, sem a prévia autorização, por escrito, da Editora.

Editor: Paulo André P. Marques
Capa: Mirian Raquel F. Cunha
Diagramação: Mirian Raquel F. Cunha
Projeto Gráfico: Mirian Raquel F. Cunha
Revisão: Maria Lúcia Barbará
Foto da capa: Ponte Afonso Pena - Itumbiara (GO) - Projeto Schréder
Foto do autor: Fernando Rocha
Fotos do miolo: Gentilmente cedidas por OSRAM do Brasil Lâmpadas Elétricas Ltda. (pp. 21, 23, 25, 26, 62, 86, 88, 90, 92, 93, 95, 98, 99, 100, 103, 105, 106, 108, 111, 112, 116, 123, 127, 130 e 135), Schréder do Brasil Iluminação Ltda. (pp. 49, 51, 133, 138, 139 e 141) e pelo Restaurante Polinésia – Joinville (SC) (pág. 166)

Várias **Marcas Registradas** aparecem no decorrer deste livro. Mais do que simplesmente listar esses nomes e informar quem possui seus direitos de exploração, ou ainda imprimir os logotipos das mesmas, o editor declara estar utilizando tais nomes apenas para fins editoriais, em benefício exclusivo do dono da Marca Registrada, sem intenção de infringir as regras de sua utilização. Qualquer semelhança em nomes próprios e acontecimentos será mera coincidência.

FICHA CATALOGRÁFICA

SILVA, Mauri Luiz da;
Iluminação – Simplificando o Projeto
Rio de Janeiro: Editora Ciência Moderna Ltda., 2009.

1. Iluminação Elétrica 2. Iluminação – Produtos - Projetos
I — Título
ISBN: 978-85-7393-791-6   CDD 363.620

Editora Ciência Moderna Ltda.
R. Alice Figueiredo, 46 – Riachuelo
Rio de Janeiro, RJ – Brasil   CEP: 20.950-150
Tel: (21) 2201-6662/ Fax: (21) 2201-6896
LCM@LCM.COM.BR
WWW.LCM.COM.BR

02/09

> *Luz que me ilumina o caminho*
> *e que me ajuda a seguir.*
> ROBERTO CARLOS - ERASMO CARLOS

dedico esta obra

a todos os meus incontáveis amigos,
na certeza de que a Amizade
é a luz maior da Vida.

agradecimento

O agradecimento é para minha empresa, OSRAM do Brasil – Cia de Lâmpadas Elétricas, onde aprendi quase tudo que sei sobre a luz e seus efeitos. Dela recebi luz para distribuir a luz do conhecimento sobre iluminação para inúmeras pessoas.

Sumário

Introdução 15
Produtos para iluminação 19
    LÂMPADAS 20
        Lâmpadas de Filamento 21
        Lâmpadas halógenas 22
        Lâmpadas de desgarga 24
        LED 25
        Durabilidade média das fontes de luz artificial: 27
    EQUIPAMENTOS AUXILIARES 27
        Transformadores 27
        Ignitores 28
        Capacitores 29
        Reatores 30
    SISTEMA DALI 32

O projeto de iluminação 37
    Objetivos do projeto de iluminação 39
        Boa Iluminação 40
        Atender a atividade a ser realizada 40
        Imitação da Natureza 40
        Segurança 41
        Funcionalidade 41
        Beleza 41
    Pontos básicos do projeto de iluminação 42
    Projeto passo a passo 43
        Cálculo da Iluminação Geral 44
        Níveis de Iluminância para Interiores 45
    Próximos passos 48
        Prédio novo 48

Prédio pronto ou antigo 50
Determinar o que se quer iluminar 52
Como se quer iluminar 52
Visita ao local 53
Entrevista com quem vai utilizar o ambiente 53
Levantamento físico dos materiais: piso, teto, parede 54
Levantamento da rede elétrica 54
Análise das limitações e dos fatores de influência 55
Escolha do tipo de iluminação: identidade 56
Avaliação do consumo energético 57
Determinação dos custos 59
Escolha dos tipos de lâmpadas e luminárias 60
Controle do ofuscamento 61
Definição da luz específica e de destaque 64
Divisão de circuitos 66
Dimerização 67
Gerenciamento da luz 68
Avaliação do resultado final 68
Eletricista / instalador? 70
Manutenção 72
Diarista 74
Eventuais correções 75
Exceções 75
TBC 76
Projeto na prática 77
Projeto na Prática – Alturas 79
Importância dos catálogos 80

Projetos: personalidades próprias 83
ILUMINAÇÃO RESIDENCIAL 84
Cozinha 84
Área de serviço 87
Dependência de empregada 87
Sala de jantar 87
Escritório ou web space 90

- Dormitórios 91
- Banheiros 94
- Sala de estar – living 97
- ILUMINAÇÃO COMERCIAL 100
  - Escritórios 100
  - Lojas de moda geral 102
  - Boutique – lojas de marca 104
    - Vitrine 105
    - Geral 107
    - Destaques 107
    - Prateleiras 108
    - Crediário - Caixa 109
    - Provadores 109
  - Bancos 110
    - Recepção 110
    - Auto-atendimento 111
    - Gerência 111
    - Sala de reuniões 112
  - Supermercados 113
    - Iluminação geral 113
    - Gôndolas 114
    - Ilha de frutas e verduras 114
    - Açougue e balcão de frios 115
    - Padaria e confeitaria 115
  - Restaurantes 115
    - Restaurantes – lancherias 115
    - Restaurante da moda 116
    - Casas noturnas - boates 118
  - Outros tipos de comércio 119
  - Iluminação hospitalar 120
    - Recepção 120
    - Sala de espera 121
    - Quartos 121
    - Corredores 122
    - Sala de cirurgia 122
    - Salas de enfermagem 122

Iluminação de hotéis 123
    Recepção 123
    Corredores 124
    Apartamentos 124
    Sala de reuniões e convenções 125
ILUMINAÇÃO INDUSTRIAL 126
ILUMINAÇÃO ESPORTIVA 129
    Esportes indoor e assemelhados 129
    Quadras de tênis 131
    Campos de futebol... 131
ILUMINAÇÃO PAISAGÍSTICA 133
    Volumes 133
    Copas de árvores 134
    Caules de árvores 134
    Marcação de caminhos 135
ILUMINAÇÃO PÚBLICA 136
    Ruas, praças e avenidas 137
    Fachadas 139
    Monumentos 140

Equívocos em projetos 145
ESCOLHER LÂMPADAS INADEQUADAS 145
LUMINÁRIAS INADEQUADAS 146
MISTURA DE MARCAS 146
DIFERENÇAS DE ALTURA DE TETOS 147
IDADE DOS USUÁRIOS 147
CARGA ELÉTRICA 148

O bom projeto 149
AFINAL: O QUE É UM BOM PROJETO DE ILUMINAÇÃO? 149

Perguntas e respostas 151

Exemplo de simplicidade e beleza 167
Conclusão 171

Introdução

Desde o lançamento do livro *Luz, lâmpadas e iluminação*, tenho recebido solicitações em aulas, palestras e apresentações baseadas no livro – vindas de alunos e profissionais de todo o País – para escrever sobre o projeto luminotécnico. Atendendo a tais pedidos, resolvi investir na idéia de redigir um livro sobre projeto de iluminação.

Pensei em como seria esse livro, pois em minha mente está bem claro que um dos pontos fortes do livro *Luz, Lâmpadas e Iluminação* é a linguagem acessível a qualquer um, seja profissional, alunos de graduação ou cursos técnicos e até curiosos sobre o tema luz, iluminação. Como fazer para que todos entendam sobre um tema técnico, que é o caso de projeto luminotécnico? A pergunta ficou martelando em minha cabeça, visto que o projeto, o cálculo luminotécnico, é bem complexo e depende de muitas variáveis matemáticas.

Seria um grande desafio.

Caso eu optasse por escrever um livro técnico, essencialmente técnico, seria entendido pelos profissionais interessados em iluminação. Porém estes são os que menos precisam de um livro sobre o tema, pois eles, de uma forma ou de outra, já têm informações sobre o assunto e, no máximo, agregariam mais conhecimentos, aprimorando-se tecnicamente.

Decididamente não.

Quem mais necessita de informações sobre um projeto de iluminação são justamente os que pouco entendem de luz. Assim, o livro teria de ser acessível, para que todas as pessoas interessadas no tema pudessem, lendo-o, passar a entender mais não só sobre a luz e seus efeitos como também sobre a forma de fazer um projeto de iluminação ou simplesmente sobre como iluminar de forma adequada sua residência.

Lembrei-me de que, quando comecei a elaborar o primeiro livro, tive a mesma dúvida. Escolhi usar uma linguagem simples, possibilitando a um número maior de pessoas a compreensão do assunto.

Além disso, transcrevi para o livro, todas as informações que normalmente apresentava nas palestras. Esse detalhe é que me convenceu a fazer uma obra, que a exemplo do livro anterior, privilegiasse o entendimento. Lembrando que nas minhas aulas e palestras venho falando sobre projeto de forma simples e direta, deveria então escrever o novo livro da mesma maneira, ou seja, descomplicando o projeto de iluminação, com dicas, caminhos e esclarecimento de dúvidas. Em resumo, desejei fazer deste livro uma perfeita seqüência do primeiro, inclusive na forma de abordagem.

Isso nos leva a perceber que, para o melhor entendimento do texto que segue, a leitura do primeiro livro certamente facilitará o entendimento deste.

Quem não leu *Luz, lâmpadas e iluminação*, porém, poderá entender este livro. É desejável, todavia, para um completo e melhor entendimento, a leitura da primeira obra.

Em respeito aos leitores, repetiremos alguns conceitos básicos que lá estavam relatados, para que a compreensão não fique prejudicada.

Para iluminar um ambiente, é necessário conhecer a luz e seus efeitos. Para isso, além de dar uma repassada nos principais tipos de fontes de luz artificial, abordaremos também, de forma didaticamente repetitiva, muitos conceitos luminotécnicos, possibilitando a quem não tenha tido contato com algum livro de iluminação, e mais precisamente com o *Luz, lâmpadas e iluminação*, possa entender e, mais do que isso, praticar os ensinamentos aqui oferecidos.

Antes de encerrar esta introdução, é fundamental esclarecer que não é objetivo do autor nem deste livro encerrar o assunto iluminação, muito menos dar uma completa e definitiva receita de bolo, até porque em iluminação isso é praticamente impossível. A intenção que permeia este trabalho, isto sim, é a de esclarecer dúvidas, explicar fórmulas e formas de bem iluminar, mas, principalmente lançar questionamentos na cabeça de cada leitor, de cada profissional, de cada arquiteto, iluminador, acadêmico ou estudante, pois, se por um lado é muito prático saber como se constrói um projeto de iluminação, como se lida com luz, lâmpadas, luminárias, é muito mais importante termos inquietações sobre como melhor iluminar, pois só a dúvida nos impele a procurar, pesquisar e encontrar formas diferentes e criativas que nos levem a uma iluminação prática, bela, funcional, econômica e diferenciada. Se fosse para iluminar como todos iluminam, bastava ir a um ambiente, descobrir quais as lâmpadas e luminárias utilizadas e suas respectivas quantidades, "copiar" e "colar", como se faz em informática. Pronto, nosso projeto estaria feito. Felizmente não é assim e por isso afirmo que, se depois de terminar a leitura e conhecer conceitos e passos para a construção de um bom projeto, o leitor ficar com dúvidas de como melhorar o que aprendeu, estarei plenamente gratificado. Repito, a dúvida leva ao crescimento e queremos todos crescer na construção de uma cultura luminotécnica no Brasil. E tal crescimento só será alcançado com pesquisa, troca de informações e leitura de livros e publicações sobre esse palpitante tema, que é a luz em todas as suas formas. Nessa interação, estaremos crescendo juntos, eu, como escritor e especialista em iluminação, e você, leitor, como maior interessado em conhecer os meandros da luz e do projeto de iluminação.

No último capítulo, como tem sido prática nos meus livros, haverá um espaço para perguntas e respostas comentadas, de grande valia para o cotidiano. Nesse espaço serão esclarecidas dúvidas. Algumas, porém, serão plantadas, justamente são aquelas que nos impelirão ao crescimento pela pesquisa.

Então, iremos em frente, conhecendo conceitos e detalhes, para no final ficarmos com a grande dúvida: como fazer um projeto de iluminação que agrade ao cliente, a mim mesmo e provoque sensações agradáveis em quem freqüentar o ambiente iluminado? É este o grande e esperado presente de quem idealiza uma iluminação: perceber que o ambiente propicia uma atmosfera fantástica, capaz de fazer as pessoas se sentirem bem.

Sim, senhor, a luz traz para nós essas emoções, logo, vamos estudar mais um pouco sobre como emocionar por meio da luz, fazendo projetos luminotécnicos que extrapolem o simples cálculo da quantidade de luz e de luminárias, mas capazes de criar ambientes que realmente emocionem. A luz é emoção e queremos construir uma verdadeira obra de arte, agradável à visão, provocante emocionalmente, definidora de sentimentos, tecnicamente bem acabada, funcional, e, sempre que possível, criativa, já que emana de nossa sensibilidade.

Repetindo a frase célebre: "Que a luz esteja conosco!".

Produtos para iluminação

Para que se consiga fazer um projeto de iluminação, por mais simples que seja, é indispensável conhecer alguns detalhes. Entre tantos, o fundamental é conhecer, justamente, os produtos que fazem a luz e seus efeitos.

Veremos que a luz é gerada por uma fonte de luz e, ao acontecer esse fenômeno físico chamado luz, ela será dirigida por um equipamento chamado luminária/projetor. Para a geração dessa luz, terá de haver energia e os chamados equipamentos auxiliares, sem os quais muitas das fontes de luz simplesmente não funcionam.

Outros equipamentos e itens compõem um sistema de iluminação, mas os indispensáveis, quando se trata de iluminação artificial, são as lâmpadas – fontes de luz –, as luminárias e os equipamentos auxiliares – reatores, transformadores, ignitores etc.

Devido à sua importância, daremos uma noção sobre cada um deles, citando alguns exemplos e tipos principais. Mesmo sendo já descritos no livro *Luz, Lâmpadas e Iluminação*, de minha autoria, consideramos justa, então, mais uma abordagem, mesmo que rápida. Sem esse conhecimento, o entendimento mínimo dos componentes, será difícil o leitor avançar no projeto de iluminação.

A idéia deste livro é justamente descomplicar o projeto; por isso, a simples leitura e o entendimento do conteúdo desta obra dará ao leitor um bom entendimento sobre os principais passos a serem seguidos e as noções necessárias para que se faça um projeto de iluminação.

Tal projeto deve ser ao mesmo tempo econômico, especialmente quanto ao consumo de energia, prático, funcional e que dignifique, por meio do bom uso da luz, os ambientes a serem iluminados, fazendo-os belos na origem ou transformando-os para que assim se tornem.

Podemos, numa analogia, dizer que um filho órfão pode se transformar num grande ser humano – e os exemplos estão aí para confirmar isso. Sendo criado com o apoio dos pais, porém, suas chances de crescer na vida serão ainda maiores. Este livro, lido separadamente, é um órfão que tem todas as chances de vencer na vida, enquanto que somado à leitura do *Luz, Lâmpadas e Iluminação* será o filho educado por uma família estruturada, com pais de boa índole e bem preparados para exercer a difícil tarefa da paternidade.

Portanto, se após ler esta obra aumentar sua sede de conhecimento pela iluminação, leia o primeiro e, melhor ainda será ler o *Luz, Lâmpadas e Iluminação* e depois ler este, visto que um é seqüência do outro.

Mas, uma vez entendida a relação entre os dois livros, vamos ao que interessa especificamente neste capítulo: informar sobre produtos para iluminação.

LÂMPADAS

Lâmpadas são fontes de luz que iluminam ambientes. Podem ser de várias formas, como, por exemplo, uma lâmpada que gere luz pelo fogo, como vela, lampião etc., mas o que nos interessa são as lâmpada elétricas.

Lâmpadas elétricas são fontes de luz que têm uma estreita relação com a natureza. Isso porque cada tipo de produção de luz elétrica se relaciona com um fenômeno natural, como veremos a seguir:

Produtos para iluminação 21

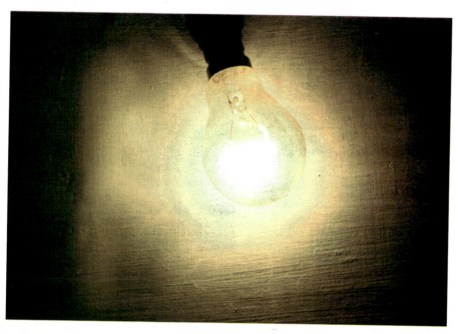

Lâmpadas de filamento

Também chamadas de **lâmpadas incandescentes**, produzem luz imitando o nosso Rei Sol, pois a luz é gerada pela passagem da corrente elétrica por um filamento que é uma resistência elétrica. Tal resistência faz o filamento aquecer a altas temperaturas, ficando em brasa, ou, mais especificamente, incandescente. Essa incandescência produz luz e calor, como o Sol, que na verdade é um grande corpo incandescente. Logo, a luz gerada numa lâmpada filamento imita na Natureza, o Sol. Por isso mesmo, produz muito calor e apenas 10% da energia consumida num sistema incandescente é transformada em luz e os outros 90% são energia térmica – calor mesmo, deduzindo-se facilmente daí que se trata de uma fonte de luz que desperdiça energia – algo caro em sua geração/distribuição, motivo pelo qual evitamos seu uso quando queremos uma iluminação econômica.

INCANDESCENTES
Menos eficientes, por transformarem em luz, no máximo 10% da energia consumida, as incandescentes ainda são muito importantes em vários aspectos, como por exemplo, excelente reprodução de cores.

Por outro lado, sua utilização ainda é muito ampla, pois tem algumas características muito importantes, como o excelente índice de reprodução de cores e o preço de aquisição – custo inicial – mais baixo.

Quando falamos de lâmpadas incandescentes comuns, as nossas tradicionais de bulbo ovóide e com rosca normal e-27, nos referimos a produtos que estão cedendo lugar para outros tipos de fontes de luz incandescentes, como, por exemplo, lâmpadas halógenas, sobre as quais discorreremos a seguir.

Alguns tipos de lâmpadas incandescentes comuns:
- Incandescente comum clara /clássica
- Incandescente bellalux de formato cogumelo/leitosa
- Incandescentes bolinhas para geladeira ou lustre
- Incandescentes velas
- Concentras refletoras e muitos outros tipos decorativos

Lâmpadas halógenas

Lâmpadas halógenas são uma evolução das lâmpadas incandescentes comuns, pois a geração de luz se dá pela passagem da corrente elétrica por um filamento/resistência, sendo nesse sentido igual às incandescentes tradicionais. Por outro lado, enquanto estas têm seu bulbo de vidro comum, as halógenas têm bulbo de quartzo e com uma diferença essencial, que é a adição de halogênio nesse bulbo, capaz de realizar um pequeno "milagre" dentro do sistema: os átomos de halogênio se combinam com as partículas que se desprendem do filamento pelo aquecimento, reconduzindo-as ao núcleo, que é o próprio filamento, mantendo-o com a mesma espessura durante toda a vida da lâmpada.

No caso da lâmpada incandescente comum, o desprendimento das partículas por aquecimento faz com que estas se depositem no bulbo da lâmpada, e o filamento vai perdendo substância, afinando mesmo, motivo que ocasiona a curta vida desse tipo de lâmpada.

Como nas halógenas o filamento se conserva com a mesma espessura, terá uma maior durabilidade e, como o bulbo permanece transparente, iluminará de forma uniforme até sua queima, que se dará entre 2.000 e 5.000 horas, ao contrário da incandescente comum, cuja duração máxima é de mil horas.

Produtos para iluminação   23

Alguns tipos de lâmpadas halógenas:
- Lapiseiras
- Bipinos
- Halopin
- Dicróicas
- Halospot AR 11, AR 70, AR 48
- Halopar 20, Halopar 30, Halopar 38

A linha de lâmpadas halógenas teve, nos últimos tempos, uma evolução tecnológica e elas passaram a produzir mais luz, com menos emissão de calor. São os tipos que controlam e retêm o infravermelho, por meio de uma película colocada na superfície do bulbo, reconduzindo o calor (IR) para o filamento. Dessa forma, o filamento trabalha mais aquecido, por isso produz mais luz. Ao reter o calor dentro do sistema, aquece menos o ambiente, poupando até 30% de energia. Portanto, lâmpadas de filamento halógenas economizam energia. Tira-se uma halógena de 50W e coloca-se uma de 35W, mantendo-se a mesma quantidade de luz. O seu nome próprio é **Linha IRC** – Infra Red Coutend, e são também conhecidas como **Halógenas Energy Saver**.

HALÓGENAS São uma evolução das incandescentes comuns, sendo mais eficientes em seus diversos tipos, todos com durabilidade entre 2.000 e 5.000 horas. Com excelente IRC e Temperatura de Cor, em torno de 3.000K, propicia a criação de ambientes confortáveis

As lâmpadas halógenas inserem-se totalmente no novo conceito ecológico de iluminação, como produtos que, poupando energia, ajudam a preservar o meio ambiente.

Lâmpadas de descarga

Estas lâmpadas têm esse nome porque imitam um fenômeno da natureza: a descarga elétrica – o relâmpago. Elas podem ser lâmpadas de descarga de baixa pressão, como as fluorescentes tubulares, circulares e compactas ou de alta pressão, como as de mercúrio puro, de sódio, metálicas etc.

As de baixa pressão têm seu bulbo em vidro comum, pois a pressão interna é semelhante à pressão externa, caracterizando o seu nome.

As lâmpadas de descarga de alta pressão têm um tubo de descarga de quartzo ou cerâmica, pois o vidro comum não agüentaria a pressão interna, que equivale a várias atmosferas.

Quando a pressão interna for substancialmente maior que a externa, temos um sistema de alta pressão.

Funcionam pelo aquecimento de dois eletrodos que ficam nas extremidades do bulbo, um tubo de descarga. Tal aquecimento, ocasionado pela passagem da corrente elétrica vinda por meio de um reator, provoca um jogo de elétrons dentro do tubo. Esse jogo de elétrons origina a vaporização de uma minúscula gota de mercúrio ou de outro componente, que transforma essa vaporização em luz visível, seja por meio da passagem por uma camada de fósforo, como no caso das fluorescentes, mercúrio puro ou lâmpadas mistas, seja diretamente, como no caso das lâmpadas de sódio ou metálicas.

Principais tipos de lâmpadas de descarga:

- **Baixa Pressão:**
  - Fluorescentes comuns tubulares de 20/40W
  - Fluorescentes T-8 , mais modernas 16/18/32/36W.
  - Fluorescentes T-5, ainda mais eficientes 14/28/54/80W
  - Fluorescentes T-2 para pequenos espaços
  - Fluorescentes compactas convencionais 9 até 120W
  - Fluorescentes compactas eletrônicas de 5 até 25W
  - Fluorescentes circulares

Produtos para iluminação 25

- **Alta pressão:**
    - Lâmpadas a vapor de mercúrio puro
    - Lâmpadas de luz mista
    - Lâmpadas de vapor de sódio
    - Lâmpadas de multivapores metálicos
        - Com tubo de quartzo
        - Com tubo cerâmico tubular
        - Com tubo cerâmico esférico – power ball

METÁLICAS, tipo HQI com tubo de quartzo ou HCI / CDM, com tubo cerâmico, têm grande fluxo luminoso, com ótima reprodução de cores. Usadas em locais onde a cor tem de ser reproduzida com fidelidade.

LED

LED é uma fonte que produz luz por fotoluminescência. Seu nome é uma sigla da expressão inglesa *Light Emitting Diod*, que em português significa *diodo emissor de luz*.

A lâmpada de filamento imita o Sol, enquanto que a de descarga imita o relâmpago. Desta vez, surge a pergunta: qual é o fenômeno natural imitado pelo LED?

Existe um pequeno inseto que faz luz semelhante

Os LEDs avançam de forma incrível e passam a ser utilizados em todas as áreas da iluminação, com estupenda economia de energia e durabilidade. São as estrelas dos novos projetos de iluminação.

aos LEDs, ou melhor dizendo, por ordem cronológica, os LEDs é que imitam o vaga-lume, também conhecido por pirilampo.

Até pouco tempo, os LEDs eram de pequena intensidade luminosa, servindo apenas como indicadores de que aparelhos estavam ligados ou desligados. Funcionavam, enfim, como sinalizadores.

Com o desenvolvimento científico e tecnológico, conseguiu-se melhorar significativamente o rendimento luminoso dessa fonte de luz, passando-se a utilizá-lo também na iluminação em geral, especialmente depois de descoberta a forma de fabricar o LED branco.

Atualmente os LEDs crescem em tecnologia e rendimento numa progressão geométrica, sendo utilizados em todos os campos da iluminação, inclusive em automóveis. Daqui pra frente, onde precisarmos iluminação poderemos usar um LED.

A grande vantagem dessas minúsculas fontes de

luz é sua grande economia de energia, pois consomem em média um watt e podem durar até mais de 50 mil horas. É a mais econômica fonte de luz artificial da atualidade.

Por oportuno, descrevo abaixo um comparativo entre as diversas fontes de luz artificial, para melhorar a compreensão de suas vidas úteis.

Durabilidade média das fontes de luz artificial

- Incandescentes comuns — 750 a 1.000 horas
- Halógenas — 2.000 a 5000 horas
- Descargas fluorescentes — 7.500 a 18.000 horas
- Fluorescente de indução magnética — 60.000 horas
- Descarga de alta pressão — 10.000 a 32.000 horas
- LEDs — Até mais de 50.000 horas

EQUIPAMENTOS AUXILIARES

São produtos que, como diz o nome, auxiliam no funcionamento das lâmpadas elétricas. A seguir, os principais tipos de equipamentos auxiliares.

Transformadores

Responsáveis pela transformação de uma tensão elétrica, com o objetivo de ligar lâmpadas de voltagem diferente da fornecida pela concessionária de energia. Em locais onde a tensão é de 127 ou 220 v, usamos um transformador para acender lâmpadas de baixa tensão, como por exemplo, as dicróicas que trabalham em 12V.

São utilizados em lâmpadas de filamento.

Sempre que formos ligar uma lâmpada de baixa tensão, normalmente de 12 ou 24 v, devemos utilizar um transformador, que pode ser mais simples ou sofisticado, como todo equipamento de iluminação, com a utilização de um interruptor.

- **Transformador comum:** Transforma a tensão elétrica para 24 ou 12V e liga/desliga lâmpadas, normalmente halógenas.
- **Transformador dimerizável:** Além de ligar e desligar lâmpadas de baixa tensão possibilita sua dimerização, ou seja, variando a tensão, alteramos a quantidade de luz emitida, de 0 a 100%, com a utilização de um dimmer.

Ignitores

São componentes cuja função é dar partida nas lâmpadas de descarga. Emitem uma tensão bem acima da normal, tornando possível o acendimento da lâmpada numa fração de segundos. Tão logo acesa a lâmpada, sai do circuito.

Eles são instalados com os reatores e atualmente utilizados em lâmpadas de descarga de alta pressão, como as de vapor de sódio e metálicas, entre outras.

Nos antigos reatores magnéticos para fluorescentes, chamados convencionais, utilizava-se um starter, que fazia a partida da lâmpada. Esse sistema está caindo em desuso, principalmente pelo uso do reator magnético de partida rápida, que não necessita do starter, pois ele mesmo faz a partida no sistema. Porém, nos dias de hoje, a eletrônica passa a dominar também no tocante ao acendimento dos sistemas de lâmpadas de descargas, e os próprios reatores eletrônicos já fazem a partida da lâmpada, dispensando o uso do starter.

No caso de lâmpadas de alta pressão, como as metálicas e de sódio, ainda predominam reatores magnéticos, por isso é importante ressaltar que para acender algum desses tipos de lâmpadas precisamos de reator magnético e ignitor. Na maioria dos casos, quando se compra um reator para lâmpada metálica, por exemplo, o ignitor já vem inserido no corpo do reator e passamos a nem notar sua existência, mas, didaticamente, devemos mencionar esse componente para o entendimento do processo de acendimento de uma lâmpada de descarga.

No caso da quase totalidade das lâmpadas de sódio e metálicas, o ignitor provoca uma tensão de acendimento por volta de 45.000 volts – 4,5 quilovolts. Para usar a linguagem popular, pode-se dizer que dá uma paulada no sistema, provocando o acendimento e, numa fração de segundos, logo que conseguida a partida da lâmpada, sai do circuito e a tensão volta a ser a normal de alimentação. Existe uma marca de lâmpada metálica que trabalha com um ignitor de 800 volts, mas é a única exceção. Quando se tratar de lâmpada metálica, ao comprar o reator é importante verificar se a lâmpada a ser instalada é do sistema tradicional de 4.500 volts, pois pode, por acaso, ser essa exceção de 800 volts.

No mercado, os dois sistemas são conhecidos com os nomes próprios de:
- Reator para metálica tipo HQI – OSRAM de 4.500 volts
- Reator para metálica tipo HPI – Philips de 800 volts

O sistema OSRAM é o adotado por todos os demais fabricantes e mesmo a PHILIPS tem tipos e possibilidades de acendimento com o sistema de 4.500 volts.

Abordo esse assunto referente a marcas e tipos, pois caso quisermos colocar uma lâmpada de outra marca num sistema que esteja instalado reator para ignitor de 800 volts, não funcionará, o mesmo ocorrendo no caso inverso, ou seja, uma lâmpada que acende com 800V não acenderá com 4.500V, o que é fácil de entender.

Capacitores

São componentes elétricos que fazem a capacitância, isto é, servem para aumentar o fator de potência de uma instalação elétrica. No caso de lâmpadas, há muitas que trabalham com baixo fator de potência, que é um complicador nas grandes instalações, inclusive proibido pelas concessionárias de energia, já que causa problemas para o sistema instalado, como a distorção da medição da demanda de energia.

Quando uma instalação de médio ou grande porte tem produtos de baixo fator de potência, são instalados, no sistema, capacitores que farão a correção do fator de potência, elevando-o para 1 ou próximo disso.

Normalmente é considerada uma instalação com alto fator de potência aquela que situada na faixa entre 0,92 e 1,0.

Para pequenas instalações, especialmente residenciais, normalmente são utilizados produtos de baixo fator de potência, mas quando se trata de médias e grandes instalações, isso não é recomendado, em face dos problemas que acarretam ao sistema de abastecimento de energia.

Em outras palavras: quando temos um sistema de baixo fator de potência – por exemplo, 0,5 – fica entendido que este decimal corresponde a 50%, ou seja, 50% da energia consumida no sistema não está sendo registrada no relógio ou contador. O contador de energia, também chamado de forma errada de contador de luz, registra apenas a energia ativa ou indutiva, que neste caso corresponde a 50%, enquanto a energia reativa ou capacitiva – os outros 50% – passa sem registro. Por isso a necessidade de instalação do capacitor, para que possamos elevar o fator de potência e eliminar esse desvio.

Consideremos que para demanda de energia de um prédio seja instalado um transformador com uma potência X e todos os equipamentos sejam de baixo fator de potência (0,5). O consumo de energia medido será 50% do consumo real, ou seja, o sistema entrará em colapso, pois a energia que está sendo medida é de X dividido por 2. Num número bem pequeno, hipotético, para ficar de fácil entendimento:

- Calcularam-se todos os equipamentos a serem instalados e resultou num consumo estimado de 10 Kw/h. Com um fator de potência de 0,5, estará sendo registrado apenas 5 Kw/h. Parecerá que está sobrando muita oferta de energia (5 Kw/h) quando na verdade ela está no limite. Instalando-se o sistema de capacitores, o fator de potência será elevado para 1 e, na medição do consumo, será possível perceber que na realidade o consumo é de 10Kw/h.

Reatores

Reatores servem para dar partida nas lâmpadas de descarga e também como um limitador de corrente, protegendo a lâmpada.

São equipamentos que fazem funcionar lâmpadas de descarga. A corrente elétrica passa pelo reator e joga a energia para os eletrodos. Aí começa o processo da formação da descarga elétrica, que se segue com a vaporização do mercúrio ou de outro componente, fazendo a luz, como vimos anteriormente.

Seguem os principais tipos de reatores.

REATORES MAGNÉTICOS – São os tipos mais antigos. Hoje há substancial redução de seu uso, mas durante muitos anos fizeram funcionar as lâmpadas de descarga. São pesados e trabalham numa freqüência de 60 hertz, sendo essa baixa freqüência responsável pela intermitência e efeito estroboscópico, especialmente nas lâmpadas fluorescentes. Essa intermitência é responsável pelo cansaço visual ou por aquele fato de que sempre se ouviu falar: lâmpadas fluorescentes fazem mal à visão. Na realidade, numa lâmpada nova, essa intermitência não é visível, mas nosso cérebro registra, prejudicando, por causa disso, a visão.

Muitas pessoas ainda hoje imaginam que a luz fluorescente faz mal à visão por causa da cor da luz que emite, isso se deve à pintura do seu bulbo. Em determinada época de um passado recente, alguns afirmavam que se devia colocar uma lâmpada de cada temperatura de cor na luminária, assim uma "compensaria" a outra, evitando prejuízos à visão. Balela, lenda! Isso nunca teve nenhum indicativo técnico. O que realmente faz mal e causa cansaço visual é a cintilação da luz, causada pela freqüência de 60 hertz. Com o desenvolvimento da eletrônica para os reatores, esse problema deixou de acontecer, como veremos a seguir.

REATORES ELETRÔNICOS – Além de muito mais leves, pois utilizam apenas circuitos impressos e outros componentes eletrônicos, são muito mais eficientes em todos os sentidos, possuindo uma característica especial: sua freqüência, na faixa de 35.000 hertz ou 35 KHz. Nessa altíssima freqüência, o efeito estroboscópico e de cintilação da luz, prejudicial à visão, desaparece, pois enquanto nos reatores magnéticos acontece uma onda senoidal de 60 vezes por segundo, no caso dos eletrônicos esse ciclo é na faixa de 35 mil vezes, ou seja, a onda deixa de acontecer, tornando-se praticamente uma linha reta. A luz deixa de cintilar, fica estável e, por conseqüência, não faz nenhum mal a nossos olhos.

Com o advento da eletrônica nos reatores, veio a possibilidade de dimerizar lâmpadas fluorescentes, o que até então era impensável.

A dimerização da luz fluorescente criou uma infinidade de possibilidades no campo da iluminação, possibilitando a variação da intensidade da luz de um ambiente. Com as mesmas lâmpadas instaladas há um sem-número de alternativas. É possível fazermos um projeto de iluminação, instalar os equipamentos adequados e, a partir daí, escolher o tipo de atmosfera ambiental que queremos, podendo variar entre um ambiente com muita luz ou menos luz; com luz mais branca ou mais amarelada; luz colorida em todo o espectro das cores ou mesmo seqüencial trocando de cores a cada intervalo de tempo que desejarmos. Isso tudo veremos no próximo capítulo, no qual abordaremos o moderno e revolucionário Sistema DALI.

SISTEMA DALI

O que é DALI? Poder-se-ia pensar que é algo referente a advérbio de lugar, como daqui, dali, mas na verdade é um sistema revolucionário que veio para dinamizar completamente a luz nos ambientes.

O nome é uma sigla advinda do inglês:

    Digital
    Adressble
    Light
    Interface

Ou, numa tradução livre para o português, interface digital de endereço da luz.

Esse nome tem sentido porque na realidade é o controle e gerenciamento da luz por meio dos endereços dos equipamentos, reatores digitais do tipo DALI.

DALI é também um protocolo internacional, todos os equipamentos com essa sigla podem "conversar" entre si, independentemente de marca ou procedência. Podemos ter uma instalação com uma marca de reatores e colocar outra marca no sistema, desde que sejam do tipo DALI. Essa é uma das grandes vantagens desse moderno sistema, que veio para dar flexibilidade na iluminação dos mais diversos ambientes.

Outra vantagem do sistema é que, além de comandar os reatores dimerizáveis do tipo DALI, pode comandar também o funcionamento de lâmpadas de filamentos, halógenas, e muito especialmente outros equipamentos e trabalhos, como abertura e fechamento de persianas, por exemplo.

Num sistema de iluminação, podemos programar várias cenas. Uma vez feita a programação, grava-se no controle, seja este remoto ou de parede, e sempre que apertarmos determinada tecla ou botão, aquela cena será colocada no ambiente. Relacionamos abaixo alguns exemplos:

- 50% das lâmpadas acesas e 50% apagadas – **tecla 1**
- 50% das lâmpadas dimerizadas a 20% e o restante acesas 100% – **tecla 2**
- Todas as fluorescentes dimerizadas a 30% – **tecla 3**
- Todas as fluorescentes apagadas e acesas apenas as halógenas dicróicas – **tecla 4**

Neste exemplo, sempre que apertarmos a tecla 3, todas as fluorescentes serão automaticamente dimerizadas a 30% de seu fluxo luminoso.

As possibilidades são incontáveis, pois, além disso, podemos fazer misturas de cores no sistema RGB e então conseguiremos a cor de luz que quisermos para determinado ambiente.

Funciona assim:

Dimerizando fluorescentes coloridas – RGB, ou seja, vermelhas, verdes e azuis – podemos variar a intensidade de luz de cada uma, de cada cor e, nessa mistura e combinação de cores, formaremos a cor que quisermos, pois sabemos que essas são as três cores básicas e, a partir delas conseguiremos todas as cores. É apenas uma questão de mistura apropriada, abrangendo todo o espectro das cores.

Em quantidades iguais, as três cores reúnem todas as cores e, logo, formam o branco; aumentando a quantidade de vermelho, teremos uma luz mais quente, com temperatura de cor mais baixa; aumentando o azul, teremos uma temperatura de cor mais fria, luz mais branca – e assim sucessivamente.

No caso do branco, para que fique ainda mais branco, podemos colocar no sistema uma fluorescente branca com temperatura de cor mais elevada, otimizando, na mistura, a formação do branco mais branco.

As lâmpadas devem ser instaladas uma ao lado da outra, na mesma luminária ou local, como sancas, mas o fundamental é que tenha na sua frente um material difusor, para que o efeito seja notado. Pode ser um acrílico fosco, um vidro jateado ou outro material nessa linha.

As possibilidades de combinações e formações de ambientes com o Sistema DALI são tão imensas que seria necessário um livro para determinar todas elas. Por ora, o importante é saber das características e do funcionamento do sistema.

Não se pode, todavia, deixar de indicar um dos mais fantásticos efeitos que se consegue com o DALI, que é o acompanhamento da curva da luz natural.

Sabemos que a temperatura de cor de luz do Sol aumenta conforme avançam as horas, ficando mais branca e intensa e nos deixando bem despertos para o trabalho. Depois das 16 horas, o astro-rei começa a perder essa luz branca e intensa e se torna amarelo, avermelhado e com uma luz de temperatura de cor mais baixa, induzindo-nos ao relaxamento.

Na verdade, o ciclo da luz natural comanda o nosso ânimo, aumentado em excitação, deixando-nos espertos ao longo do dia. Ao chegar a noite somos induzidos novamente ao aconchego, ao sono.

Toda essa curva de nossa vida diária, sugerida pela luz natural do Sol, pode ser reproduzida com lâmpadas fluorescentes, com o sistema DALI operando na combinação de cores – RGB.

Num escritório, programamos a mudança paulatina de cor de luz durante o dia, acompanhando justamente a curva solar. Teremos, então, no ambiente enclausurado, as mesmas sensações e motivações que nos causa a luz natural.

É o verdadeiro milagre da luz, num caminho sempre percorrido pela indústria da iluminação: a luz artificial imitando a luz natural. Esse fenômeno existe desde que se inventou a lâmpada incandescente – que buscou recriar da luz do Sol – e se seguiu com as lâmpadas de descargas, imitando o relâmpago e, assim deve continuar sendo, pois quanto mais natural for o nosso relacionamento com o mundo e com a natureza melhor será a nossa qualidade de vida.

Depois de explicarmos e sentirmos essas emoções, possibilitadas pela utilização do Sistema DALI no gerenciamento da luz, há de se registrar algumas características do sistema, que o colocam bem à frente dos demais.

Num sistema tradicional, comandado por um sinal de 1 a 10 volts, utilizado até a invenção do DALI, era necessário que cada reator dimerizável fosse ligado à central de comando por um par de fios polarizados, fazendo uma verdadeira macarronada de fios. Imaginem um sistema de 300 reatores. São 300 pares de fios polarizados chegando até a central, exigindo, além de tudo, eletrodutos de grandes bitolas, pois, em determinada etapa do circuito, como na chegada na central, seriam os 300 pares determinando uma grossura considerável.

Essa é uma grande vantagem de instalação do DALI, que se utiliza apenas um par de fios sem polaridade que interliga todos os reatores. O mesmo par de fios passa por todos os reatores, de forma independente da ligação elétrica do reator, chegando à central de comando, que se chama central DALI, apenas um par de fios, que pode ser conduzido por qualquer eletroduto, pois não sofre interferência de nenhuma ordem, seja de fios elétricos, cabos lógicos de dados ou de telefonia.

Com essa facilidade na instalação, tudo se simplifica, inclusive eventuais manutenções.

A utilização do DALI em sistemas de automação predial é uma grata realidade, pois, como funciona por endereçamento, é possível identificar num monitor sempre que um reator ou uma lâmpada estiver com problemas. O técnico vai diretamente ao local e corrige o que estiver errado, seja lâmpada ou reator.

Dá para imaginar as incontáveis vantagens e possibilidades que o sistema DALI permite. Por isso, podemos afirmar que, a partir dele, o homem finalmente passou a dominar a luz, fazendo do jeito, da forma e da cor que quiser numa mesma instalação.

O projeto de iluminação

Também chamado de projeto luminotécnico, o projeto de iluminação, foco principal deste livro, é o somatório de muitas variáveis que se complementam.

Podemos fazer um projeto de iluminação simples ou sofisticado, funcional ou confortável, mas também funcional e confortável.

Um projeto de iluminação é, na verdade, a conjugação de todos os fatores que influenciarão a iluminação do ambiente. É a forma de compilação de dados de todos os aspectos determinantes para que a iluminação de um ambiente fique conforme foi idealizada pelo profissional da luz e conforme tenha sido encomendada pelo usuário do local, seja em prédios residenciais, comerciais, industriais, vias públicas, praças, viadutos, túneis e tantos outros locais (que abordaremos em capítulos específicos).

O projetista – seja ele lighting designer, arquiteto ou tantos outros que gostam e trabalham nesse fantástico tema –, pensa numa forma de iluminação que melhor valorize o local, projeta a quantidade de luz necessária para a atividade que ali será desenvolvida e busca os materiais e produtos que mais se enquadram para viabilizar sua idéia. Calcula a quantidade de luz e a necessidade do número de lâmpadas e luminárias para tal, a disposição destas e ainda especifica as formas de luz: indireta, direta, suave, intensa, aconchegante, estimuladora, definidora de espaços e tantas outras formas e funções que a luz exerce sobre o ser humano.

Em última análise, o projeto luminotécnico – ou, como prefiro, o projeto de iluminação –, é tudo o que idealizamos em relação à iluminação de um local, calculamos e colocamos em prática, de maneira sistematizada.

Essa sistematização, repleta de detalhes e passos a serem seguidos é que pretendo colocar numa ordem lógica, que permita ao leitor não só esclarecer várias dúvidas, como saber com pode fazer uma boa iluminação, usando essa ferramenta ao mesmo tempo lógica, complexa e simples – que é o projeto de iluminação.

É comum pensarmos que o projeto de iluminação é o cálculo da quantidade de luz que deve haver em um ambiente, as respectivas lâmpadas, luminárias e equipamentos auxiliares e sua disposição e localização, mas isso é apenas um passo da longa caminhada e, na verdade, a parte mais fácil. O cálculo numérico e material que defini anteriormente como um passo, era, até um tempo atrás, confundido com o projeto propriamente dito. Isso porque havia necessidade de um conhecimento profundo da matemática, incluindo-se aí a trigonometria e a geometria, para, por meio de operações mirabolantes, envolvendo-se ângulos e suas variáveis (seno, co-seno, tangente, co-tangente e tantas outras medidas), finalizar esse cálculo. Um arquiteto, um iluminador, um decorador nem de longe tinham conhecimento, ou mesmo gosto por isso, pois são matérias mais de engenharia do que de iluminação.

Atualmente, o cálculo numérico foi amplamente simplificado pela utilização da informática, que possibilitou o desenvolvimento de programas – softwares – que possibilitam a definição dos detalhes numéricos do projeto. Basta colocar as variáveis no sistema e logo temos o resultado em relação à quantidade de lâmpadas e luminárias necessárias para iluminar determinado ambiente, com uma esperada quantidade de luz ou nível de iluminamento.

Fosse o projeto apenas a definição desses detalhes, logicamente não haveria necessidade de cursos de iluminação e muito menos de um livro, como este, que se propõe a ajudar os que querem trabalhar a luz em todos os seus aspectos, de maneira a fazerem realmente um bom projeto. Bastaria entrar no site de algum fabricante de luminárias e lá fazer, com alguma rapidez e facilidade, os cálculos (da quantidade de luminárias etc.) e pronto, tudo estaria resolvido em termos de iluminação.

Felizmente não é assim, pois a luz é muito mais que uma fórmula matemática, a luz trabalha com a emoção do ser humano, influenciando-o na sua vida, no seu trabalho, no seu lazer, no seu humor. A luz lida com o sentimento humano.

Isso tudo torna o tema iluminação uma matéria que é, ao mesmo tempo, uma ciência exata e uma ciência humana, pois usa as ciências exatas como ferramentas para seu objetivo principal, que é o bem-estar do ser humano, ou seja, a satisfação de quem vai utilizar o espaço que será iluminado.

Visto que o mais importante é o bem-estar de quem utiliza o ambiente, veremos que o toque final do projeto é constatar que o resultado é igual ao que foi idealizado. Assim, a gratificação do projetista será plena.

Então, nos próximos capítulos, avançaremos para as fases de um projeto, sempre de forma objetiva e simplificada, para que todos entendam, sejam profissionais ou estudantes, iluminadores, decoradores ou engenheiros.

Quero transmitir meus conhecimentos sobre um projeto de iluminação de forma organizada, de maneira que possibilite ao leitor definir qual a melhor luz para, dentro das características de boa iluminação, com bom gosto, funcionalidade e beleza, transformar o ambiente. E que, principalmente, cumpra todas as exigências do ser humano, que enxerga e vai criticar ou elogiar, sentir-se confortável ou incomodado com a luz. Que, enfim, depois de aplicado – instalado – desperte nas pessoas os sentimentos que o projetista idealizou ao elaborar todos os detalhes pertinentes ao projeto de iluminação.

OBJETIVOS DO PROJETO DE ILUMINAÇÃO

Lendo atentamente o capítulo anterior, notamos que o principal objetivo da iluminação é a satisfação mútua, do projetista e do usuário ou usuários do ambiente. Muitas variáveis concorrem para isso, mas o objetivo básico e elementar é iluminar. Parece até simplória essa afirmação, mas gosto de registrar porque são tantos os recursos utilizados atualmente na iluminação de ambientes e espaços que por vezes alguns profissionais esquecem essa verdade primária: iluminar. Por exemplo, entra-se num ambiente que foi esteticamente idealizado em termos de iluminação, sentimo-nos bem dentro do que fora projetado, numa atmosfera de relaxamento e aconchego que a situação pedia, com baixa temperatura de cor de luz, baixo nível de iluminamento, tudo praticamente perfeito, praticamente, ou melhor ainda, quase perfeito. Em determinado momento alguém precisou ler alguma coisa, um bilhete, um aviso, um cardápio e, em face da pouca iluminância do local, isso se tornou algo impossível. Assim, naquele ambiente "bem iluminado", onde todos se sentiam confortáveis, que contava com muitos equipamentos sofisticados, como luminárias e lâmpadas especiais, faltou um elemento quase rudimentar da iluminação: nunca uma prosaica lanterna foi tão útil quanto nessa situação. O exemplo nos mostra de forma bem clara que, ao elaborar o projeto, devemos dar versatilidade ao sistema de iluminação, permitindo tudo o que porventura se possa querer fazer naquele ambiente, inclusive ler um pequeno bilhete. Nesse caso, pontos esporádicos de luz dirigida e com foco bem fechado resolveriam a questão com um simples toque no interruptor. Daí vem a importância do levantamento total das necessidades e atividades do ambiente.

Voltando ao nosso tópico – objetivos do projeto – relacionamos alguns itens que são objetivados quando idealizamos a iluminação de um espaço:

Boa Iluminação

Bem iluminar não quer dizer bastante iluminação, mas iluminação na medida adequada e com recursos de dinamicidade.

Atender a atividade a ser realizada

Identificar a atividade e definir o tipo de luz adequada é objetivo essencial de um projeto.

Imitação da Natureza

Por vários ângulos que se analise, a iluminação artificial quer, no final das contas, imitar a natureza – a luz natural –, pois o nosso ciclo vital está intimamente ligado à luz do Sol. É necessário lembrar sempre que a luz artificial foi descoberta pela necessidade do homem de enxergar à noite, claro, mas principalmente pela necessidade que a vida exigiu de vivermos em ambiente fechados. Quanto mais semelhante à luz natural for a luz artificial, melhor o ser humano se sentirá nos ambientes. Tudo que fazemos com equipamentos de iluminação, tem no fundo essa necessidade de imitarmos a luz fornecida pelo nosso astro maior – o Sol.

Segurança

O que não podemos esquecer é que luz é sinônimo de segurança em várias situações da vida, seja na segurança pública propriamente dita, como na hora de realizarmos atividades insalubres e de alto risco, em que a falta de uma boa iluminação resulte em acidentes de trabalho, por exemplo.

Funcionalidade

Ao iluminar um local, a funcionalidade é imperativa, pois podemos ter uma mesma quantidade de luz num espaço com uma lâmpada muito potente e/ou com várias lâmpadas estrategicamente espalhadas. Uma lâmpada metálica de 400W tem potência suficiente para iluminar um escritório de determinado tamanho, porém ficará um trambolho que não iluminará de forma homogênea, enquanto que 10 lâmpadas fluorescentes tornarão o ambiente mais adequado e melhor iluminado. Tal iluminação, mais funcional e exequível, funcionará melhor.

Beleza

Forma um binômio com a funcionalidade, pois quando conseguimos juntar essas duas características estamos bem próximos da iluminação ideal. Muitas vezes, porém, seremos obrigados a escolher entre o funcional e o belo. Há ambientes que requerem um tipo de iluminação em que teremos de usar lâmpadas que não são exatamente belas, mas funcionais – e aí o iluminador terá de optar entre as duas. Será, sim, uma definição muito pessoal, que levará em conta o usuário do ambiente. Envolver o usuário na decisão pode ser importante para escolher – quando houver essa encruzilhada – entre a beleza e a funcionalidade.

Muitos objetivos aparecem quando elaboramos um projeto. Os itens citados são básicos, mas não definitivos. O leitor notará que nos próximos capítulos, como, por exemplo, no "Projeto passo a passo", aparecerão vários objetivos e subobjetivos inerentes à questão. Ao final deste trabalho, notaremos que vários itens se agregaram aos já mencionados, formando uma consciência crítica que o leitor definirá ao realizar o seu projeto, pois isto é definitivo: projeto de iluminação não é receita de bolo – cada um colocará o seu toque pessoal em cada trabalho, o que torna o uso da luz ainda mais fascinante e grandioso.

PONTOS BÁSICOS DO PROJETO DE ILUMINAÇÃO

Quando pensamos em iluminar um ambiente, uma fachada, um jardim ou qualquer outro local, devemos planejar o que faremos, ou seja, como projetaremos a iluminação daquele espaço. Logo, temos de formar uma consciência sobre o que fazer para chegarmos ao nosso objetivo. Para tanto, construiremos nosso planejamento valendo-nos de algumas idéias básicas, sem as quais não será possível começar nada. A isso chamamos de pontos básicos para elaborar um projeto. São eles:

- Definir que iluminação queremos – tipo de luz
- Quais lâmpadas devemos utilizar
- Quais luminárias mais adequadas
- Qual a quantidade de lâmpadas – de luz – necessitamos
    - Cálculo luminotécnico

PROJETO PASSO A PASSO

Quando pensamos em iluminar algum ambiente, temos de primeiramente idealizar o que se quer e, em seguida, planejar como poderemos realizar o idealizado, ou seja, é necessário projetar o que queremos para poder chegar ao nosso objetivo. É esse planejamento que chamo de projeto.

Ao imaginarmos um ambiente a ser iluminado, definiremos, inicialmente, o tipo de luz que desejamos. As lâmpadas serão uma decorrência disso. Procuraremos luminárias que projetem a luz da forma como pensamos. Calcularemos a quantidade de luz para o local e instalaremos tudo isso, buscando a excelência na ambientação luminosa.

Objetivamente, um projeto de iluminação não foge muito disso. Porém, como estamos falando em luz e luz é algo intimamente ligado a emoção e sensibilidade, passando por detalhes fundamentais como definição de espaços, tipos de ambientes, usuário do espaço iluminado e tantas outras variáveis, é necessário organizar essa infinidade de detalhes, de forma que possamos seguir certa lógica – numa matéria que está longe de ser lógica. Em outras palavras, torna-se imprescindível um encadeamento de idéias e soluções que se vão sucedendo a cada passo. Cada detalhe deve ser previamente definido. A isso denomino "Projeto passo a passo" e que vem a ser a base deste livro e especialmente seu título, *Iluminação: simplificando o projeto*.

Este capítulo vai tratar do projeto de iluminação nos seus inúmeros detalhes, de forma simplificada para todos – especialmente os estudantes e as pessoas que se interessam pela luz e seus efeitos, para que consigam entender como se faz um projeto de iluminação. Evidentemente que, sendo uma proposta de simplificação do projeto, não haverá um sem-número de fórmulas matemáticas que normalmente seriam apresentadas em livros de cálculos e projetos de iluminação. Além disso, atualmente o cálculo propriamente dito está cada vez mais em desuso, com o advento da informática e dos softwares que os fabricantes de luminárias disponibilizam ao público, alguns até gratuitos.

De qualquer forma, por ser básico, apresento a seguir o cálculo simplificado da iluminação geral, também chamado, entre outros, de método das eficiências.

Em seguida, serão abordados os vários itens que compõem a elaboração de um projeto, numa seqüência lógica, que poderíamos chamar de passos da iluminação.

Antes, porém, é preciso entender e deixar bem clara esta verdade fundamental da iluminação, que muitos, inclusive autores renomados de grandes trabalhos, parecem esquecer:

"Iluminar bem é iluminar certo"

Se deixarmos essa verdade de lado, certamente teremos como resultado um ambiente iluminado de forma inadequada, mesmo que o projeto tenha sido minuciosamente calculado.

Por vezes confunde-se boa iluminação com muita luz, quando na verdade deve ser usada a luz certa na quantidade exata.

Cálculo da Iluminação Geral

A seguir, a fórmula básica e simplificada do cálculo da iluminação geral:

Cálculo da Iluminação Geral
Método das Eficiências

$$n = \frac{A \cdot Em \cdot Fd}{Q \cdot Fu \cdot (Bf)}$$

A = Área
Em = Iluminância média
Fd = Fator de depreciação
Q = Fluxo luminoso da lâmpada
Fu = Fator de utilização
(Bf) = (Fator de iluminação do reator)
n = Número de lâmpadas

Essa fórmula é para <u>cálculos simplificados</u> e podemos considerar os seguintes valores médios: Fd = 1,25   Fu = 0,5

Níveis de Iluminância para interiores

Recomendáveis de acordo com a NBR – 5413

Depósito	200
Circulação / corredores / escadas	150
Garagem	150
Residências (cômodos gerais)	150
Sala de leitura	500
Sala de aula (escolas)	300
Escritórios	500
Sala de desenho (arquitetura / engenharia)	1000
Lojas (vitrines)	1000
Lojas (área de vendas)	500
Restaurantes (geral)	150
Laboratórios	500
Indústria (geral)	200
Indústria / montagem (atividade de precisão média)	500
Indústria / inspeção (controle de qualidade)	1000
Indústria (atividade de alta precisão)	2000

Para bem utilizar a fórmula, seguem as variáveis e onde as conseguimos:

■ **A – Área a ser iluminada**, ou seja, lado x lado. Em metros quadrados, claro.

■ **Em** – **A quantidade de luz em lux** que projetamos para o ambiente e é dado pela norma já citada ou pela sensibilidade do projetista. Quando se tratar de ambientes como de trabalho, estudo etc., os valores da norma devem ser respeitados.

■ **FD** – **O fator de depreciação** está ligado ao funcionamento da lâmpada e da luminária que, com o tempo, perdem seu poder de iluminar. Por isso, colocamos nesta fórmula simplificada, o valor médio de 1,25, ou seja, aumentaremos a quantidade de lâmpadas/luminárias em 25% para que quando estiver próximo o final da vida do sistema, ainda assim haverá luz na quantidade adequada.

Para ambiente de muita poluição/sujeira, como indústrias, podemos aumentar esse índice, para até 1,40. Também aumentamos para ambientes utilizados por pessoas de idade avançada, que geralmente apresentam dificuldade visual.

■ **Q** – **Fluxo luminoso** da lâmpada dado em lumens, que buscamos em catálogos e sites dos fabricantes.

■ **Fu** – **Fator de utilização** é o produto do índice da luminária e índice do recinto. Cada luminária tem um tipo de refletor, e a cada tipo corresponde um índice. **Exemplo:** uma luminária pintada reflete menos que uma luminária com refletor de alumínio de alta performance.

O recinto todo branco terá mais resposta à iluminação do que se for pintado de marrom.

Cada material e cor têm um determinado índice que reflete mais ou menos luz, falando-se de teto, piso e paredes. Esse índice varia de 0 a 100, como também o índice da luminária.

Multiplicando-se um pelo outro, chega-se ao FU – Fator de utilização, que em nossa fórmula simplificada, usamos o número médio de 0,5, bastante confiável para cálculos simplificados.

Evidentemente que quando quisermos fazer um cálculo bem preciso, precisamos saber quais os índices reais, que são dados pela ABNT – recinto e fabricantes – luminárias.

Uma grande parte dos fabricantes de luminárias informa diretamente o FU de seus produtos, considerando também ser um número confiável para ambientes normais.

■ **BF – Do inglês Balast Factor**, ou seja, **fator do reator** ou ainda fator do fluxo luminoso.

Com os modernos reatores eletrônicos de alta performance, podemos ter alguns que fazem a lâmpada produzir até 10% mais luz, ou seja, tem um BF de 1,1, enquanto outros apresentam índice de 0,94. Se soubermos exatamente o valor desse fator, poderemos definir com mais exatidão a quantidade de lâmpadas que colocaremos no sistema.

Caso não conheçamos o reator que será instalado, devemos lembrar que como estamos falando de um cálculo médio, especialmente no tocante a FU e FD, podemos tocar em frente sem considerar o BF.

■ **n** – Quando chegarmos ao **número de lâmpadas**, devemos sempre arredondar para cima, bem como em relação ao número de luminárias, quando se tratar de duplas ou quádruplas.

Exemplo: se n = 9, arredonda-se para 10. Se estivéssemos calculando a quantidade de luminárias duplas, seriam instaladas cinco luminárias. Se o ambiente for quadrado ou retangular, devemos arredondar para cima novamente. Ficaremos, então, com seis luminárias duplas – 12 lâmpadas.

Após determinar o número de luminárias, o próximo passo será a sua distribuição, obedecendo-se a uma regra básica: a distância entre duas luminárias será sempre o dobro da distância da que ficar mais próxima à parede. É bem lógico, pois a parede receberá luz apenas de uma luminária – um lado – enquanto que o espaço entre duas luminárias receberá luz dos dois lados. Isso deve ser seguido nos dois sentidos.

Assim fazendo teremos uma boa distribuição de luz no ambiente, sem sombras indesejáveis.

Em outras palavras, teremos uma iluminância média bem de acordo com a que desejávamos quando começamos o cálculo do projeto.

PRÓXIMOS PASSOS

Uma vez que sabemos calcular a iluminação geral de um local, estamos aptos para caminhar passo a passo em direção ao conhecimento de diversos itens a serem considerados para bem iluminar os mais diversos ambientes. Não nos valeremos, aqui, da fórmula da iluminação geral, recém vista, pois na iluminação de alguns locais não haverá necessidade de utilizar qualquer cálculo luminotécnico. Como sempre defendi em minhas palestras, a luz tem seus aspectos matemático-científicos, mas baseia-se principalmente no sentimento – a sensibilidade a torna, de certa forma, empírica.

Para que os puristas não me levem a mal, explico: embora a luz tenha seus importantíssimos aspectos físicos, biofísicos e matemáticos, estes não sobrevivem num projeto de iluminação sem uma grande e bem dosada quantidade de conhecimento empírico, do tipo que não se aprende nos bancos escolares, especialmente quando falamos da luz emoção. Mais adiante, veremos que existem a Luz Emoção e a Luz Razão.

Assim, passamos a discorrer pelos caminhos da luz e de luz, tendo o cuidado de explicar cada passo, de maneira que a informação seja simplificada e de fácil entendimento sem, todavia, perder a necessária profundidade, que nos tornará aptos a realizar uma obra de arte. Sim, porque a luz, aplicada de forma inteligente e sensível, proporciona verdadeiras obras de arte, como já falamos e muito ainda falaremos quando o assunto for luz.

Prédio novo

Quando o projetista da iluminação pensa em iluminar determinado local (seja residencial, comercial, industrial etc.) que esteja na fase do projeto civil, isso passa a ser uma dádiva. Sempre que falarmos sobre projetar a luz, nos referimos tanto ao light designer como ao arquiteto de iluminação ou a qualquer outro profissional que trabalhe a luz como maneira de definir formas e ambientes, que preferimos denominar de forma abrangente como profissional da luz. Dizemos que é uma dádiva porque até alguns anos era normal o engenheiro fazer todo o projeto elétrico, sem se preocupar com a iluminação. No final da obra, quando a verba já estava no fim, lembravam que deveria haver iluminação e colocavam um ou dois pontos de luz em cada ambiente. Depois era tudo improvisação.

O projeto de iluminação   49

Edifício Plaza Iguatemi - São Paulo (SP) - Projeto de Ana Moraes

Iluminação que abrange de forma homogênea a fachada do edifício. Iluminação mais forte destaca o topo do prédio. Lâmpadas HCI, de tubo cerâmico são as preferidas atualmente, por sua grande estabilidade da cor de luz.

Felizmente, na atualidade, o projeto civil já é realizado, em muitos dos casos, de comum acordo com o projeto de iluminação. É o profissional da luz interferindo e contribuindo para a realização da obra como um todo. Isso acontece também porque a importância da iluminação cresceu sobremaneira, e os profissionais da construção já reconhecem toda sua importância nos aspectos econômicos, funcionais, estéticos e até mesmo de marketing. Um imóvel bem projetado, com iluminação eficiente e bela, será muito mais valorizado do que um que seja iluminado de forma improvisada e tradicional, em que a luz serve apenas para clarear o ambiente. Hoje a luz participa e modifica os espaços, tornando-os atraentes e aconchegantes ou, se for o caso, excitante – do ponto de vista de produtividade. A luz é hoje fator preponderante na arquitetura moderna. Além de iluminar de forma criativa, funcional, bela e eficiente os espaços propriamente ditos, ainda valoriza a obra, conferindo destaque especial a colunas, aberturas e outros detalhes arquitetônicos.

Quando o profissional da luz consegue realmente interferir no projeto elétrico, todos saem ganhando: o construtor/incorporador venderá com mais facilidade e por melhor preço o imóvel. O projetista da iluminação não precisará criar artifícios para bem colocar luminárias, lâmpadas e equipamentos para fazer a luz funcionar naquele espaço, pois tudo já estará previsto no projeto elétrico (tomadas, pontos de luz, tipos de acesso, carga elétrica que abastecerá o sistema e todos os outros detalhes necessários para a realização de um projeto de iluminação de qualidade). Gratificado também ficará o responsável pelo projeto civil, normalmente o engenheiro, que terá sua obra, inicialmente um bem construído prédio no qual materiais como cimento, ferro, tijolos, argamassa e outros serão maravilhosamente bem acabados e embelezados de forma eficaz por este elemento fundamental e cativante nos dias de hoje, sem o qual não mais podemos viver: a luz artificial.

Lembre-se, ao começar o bate-estaca para a fundação de um prédio, que o projeto elétrico só poderá ser realizado em consonância com o projeto de iluminação, sob pena de estarmos fazendo uma terrível viagem no tempo – de volta ao passado, um passado que devemos definitivamente esquecer.

Prédio pronto ou antigo

Quando vamos iluminar um prédio pronto, um imóvel antigo, haverá muitas limitações que deveremos contornar, como, por exemplo, a falta de pontos de energia elétrica.

Mas a coisa não pára por aí: quando não houve a previsão da iluminação na construção, ou melhor, no projeto de construção, mais especificamente no projeto elétrico, muitas outras variáveis poderão complicar a realização da iluminação.

O projeto de iluminação 51

Imagine a distribuição das luminárias: no local definido para uma delas pode haver uma coluna ou uma viga. Teremos, então, de adaptar uma forma de fixação da luminária ou mesmo – mais normal – modificar a posição de outras, para compensar essa limitação física.

Nesses casos, não tem jeito. Necessitamos de lógica e racionalidade para contornar o problema – que só poderá ser constatado *in loco*, onde também será encontrada a solução.

Muitas vezes será necessário modificar substancialmente nossa idéia inicial de iluminação, tendo de trocar inclusive tipos de lâmpadas e luminárias.

Claro que para os casos de limitação de pontos de luz sempre teremos um gesseiro de plantão – para fazer um rebaixamento e esconder toda a fiação puxada para a colocação das luminárias, anteriormente (em caso de prédios antigos) colocadas dentro de feios eletrodutos aparentes ou mesmo de baguetes.

luminação pontual e precisa com metálicas de tubo cerâmico, dão o toque de cartão postal ao prédio antigo, revitalizando-o e tornando-o uma verdadeira obra de arte. Os refletores são de altíssima precisão.

Mercado Municipal - São Paulo (SP)
Projeto de Neide Senzi e Escritório Franco & Fortes

Viva o gesso e seus artistas, autores de verdadeiras obras de arte, que escondem uma macarronada de fios para bem abrigar equipamentos elétricos, e muito especialmente os de iluminação.

Determinar o que se quer iluminar

Antes de começarmos a fazer qualquer coisa em termos de projeto, devemos definir o ambiente ou objeto a ser iluminado. Isso é básico para que possamos escolher o tipo de luz, de lâmpadas, luminárias e demais equipamentos.

Evidentemente, iluminar um banheiro é diferente de iluminar um dormitório, tanto quanto uma igreja e um estádio de futebol. Por isso, citamos este detalhe como algo importante, porque, uma vez definido o que vamos iluminar, ficaremos à vontade para dar andamento ao projeto.

Como se quer iluminar

Parece trivial, pois se definimos o que queremos iluminar, está implícito que sabemos como colocar luz nesse projeto. Visto que nem sempre acontece assim, é importante que não façamos atalhos e percorramos todos os passos.

Posso ter definido que quero iluminar uma igreja apenas com luzes indiretas e com baixa temperatura de cor. Dois passos estão definidos e, parece, completos. Ao pensar que desejo baixa temperatura de cor já comecei a definir algo, ou seja, como iluminar.

Muitas vezes queremos iluminar de uma forma, como no exemplo – iluminação indireta. Ao examinar o ambiente, porém, notamos que não existem condições físicas arquiteturais para colocarmos as luminárias e os projetores, até por limitações de ordem religiosa ou em respeito ao acabamento do templo.

Assim, determinar como queremos a iluminação é fundamental para podermos ir em frente, seguindo nosso caminho em busca de um projeto funcional que realce a beleza do que vai ser iluminado.

Visita ao local

É quase uma extensão ou um pré-requisito do item anterior, pois só no ambiente real e físico será possível ver todas as características e limitações que possam influenciar em nosso projeto. Por mais que estudemos a planta do local e saibamos analisá-la corretamente, isso não substituirá a visão objetiva do local. Até porque, em se tratando de prédios prontos/antigos, muitas modificações podem ter sido feitas e não constarem da planta que temos em mãos.

Mesmo em um prédio planejado, em cuja planta já está definido o projeto de iluminação, é necessário visitar o local para checar a realidade da obra. Isso se chama TBC (explicarei o que essa sigla significa ainda neste capítulo). Na dúvida, visite o local. Se não tiver dúvidas, visite-o do mesmo jeito. Tal inspeção é extremamente positiva e contribuirá muito para a definição e a avaliação da iluminação.

Entrevista com quem vai utilizar o ambiente

Na maioria dos casos, trabalhamos com ambientes que serão utilizados ou visitados por grande número de pessoas. Certamente não conversaremos com todas elas. Assim, optaremos por entrevistar o proprietário do ambiente. É só na entrevista que poderemos definir o público que utilizará o ambiente e o tipo de luz necessário para que a iluminação potencialize a utilização do local.

Um bom exemplo é o ambiente a ser utilizado por pessoas idosas. Nesse caso devemos disponibilizar maior quantidade de luz, ou maior iluminância, pois a idade é uma inimiga natural da visão, visto que, com o passar do tempo, as pessoas vão perdendo sua acuidade visual, tendo necessidade de mais luz. Enquanto num ambiente que se costuma determinar uma iluminação de 500 lux, como um escritório, quando sabemos que será para uso de uma pessoa de 65 anos, por lógica, temos de aumentar a iluminância, colocando, por exemplo, 600 lux.

Usando uma analogia com um provérbio popular, podemos dizer que na entrevista definiremos como o usuário do ambiente deseja a iluminação, com mais ou menos luz, com luz mais branca ou luz mais amarelada, ou seja, "amarra-se a luz à vontade do dono".

Levantamento físico dos materiais: piso, teto, parede

Os materiais, bem como a cor em que serão pintados, interferem direta e decisivamente no projeto de iluminação. Um ambiente com teto, piso e paredes escuras – marrom, por exemplo – refletirá deficientemente a luz, enquanto o branco terá grande poder de reflexão, exigindo menos quantidade de lâmpadas/luminárias. Necessário lembrar que a luz existe pela reflexão, seja numa luminária, numa parede ou em qualquer outro objeto.

Sabemos que cada material ou cor tem um número que identifica seu poder de reflexão. A este número (visto na fórmula da iluminação geral em capítulo anterior) damos o nome de índice do recinto. Quanto mais claras forem as paredes, melhor o aproveitamento da luz. Logo, a escolha da cor clara é um componente adicional de economia de energia.

Há uma relação indicada entre piso, teto e parede para que seja facilitada a harmonia do ambiente em relação à iluminação.

Enquanto um teto colorido causa sensação de rebaixamento, um teto neutro parece aumentar o pé-direito.

Levantamento da rede elétrica

É evidente que, quando o projeto do prédio já prevê os detalhes da iluminação, prevista está também a disponibilidade da rede elétrica exatamente onde serão instaladas as luminárias, ou seja, haverá pontos de energia para alimentar os equipamentos utilizados para iluminar o ambiente. Também já estará calculada a carga de energia que será consumida.

Um caso desses, infelizmente, é raro ainda, inclusive para prédios novos. Por incrível que possa parecer, muitos prédios ainda são projetados e construídos sem que o profissional da luz tenha interferência no projeto.

Conseqüência disso é que, com a obra pronta, serão necessárias adaptações, para que a rede elétrica atenda o sistema de iluminação definido para o local.

No caso de prédios antigos e mesmo desses de que há pouco falamos, onde não há essa previsão, é necessário dimensionar o sistema elétrico, para identificar se suportará o que estamos querendo instalar. Temos de ver até onde a fiação poderá ser distribuída nos diversos pontos de luz e verificar a situação da fiação no que diz respeito à qualidade e estado, pois, em casos de fiação muito antiga, esta pode não ter condições de bem "transportar" a corrente elétrica. Há casos em que a fiação deverá ser totalmente restaurada/trocada para que possa abastecer eletricamente a nova iluminação.

Quando vamos iluminar algum prédio histórico tombado, aí a coisa pode se complicar ainda mais, porque nesses prédios é proibido furar paredes, passar eletrodutos e, se não fizermos um levantamento prévio da rede elétrica, nosso projeto pode ser abortado antes da instalação. Levar energia elétrica para determinados pontos desses prédios pode se constituir numa verdadeira cruzada, com muitos ensaios, tentativas e entrevista com os administradores responsáveis pela conservação daquele "monumento histórico", para saber o que pode e o que não pode ser feito.

Na verdade, isso corresponde a mais um dos inúmeros desafios propostos por um projeto de iluminação. Aqui também fica claro que iluminar é realmente uma obra de arte. Nesse caso, a entrevista deve ser feita com o administrador do prédio.

Análise das limitações e dos fatores de influência

Quando falamos da fiação para um prédio já existente, na verdade aparecem limitações e fatores que influenciam um projeto. Mas, além desses, muitos outros aparecem quando nos propomos a iluminar algum local. Podemos nos deparar com colunas, rebaixos, vigas e muitos outros objetos e características do ambiente, que vão complicar a instalação das fontes de luz que proverão a necessária luminosidade para a atividade ali proposta.

Digamos que calculamos a iluminação geral, definimos a necessidade de 20 luminárias duplas de fluorescentes tubulares T-8 de 32W na cor 840.

Quando chegamos ao local, para que se comece a instalação das luminárias, descobrimos que, no justo lugar onde deveria estar uma delas, existe uma viga ou uma coluna. Pronto! Lá vamos nós refazermos a alocação dos pontos de luz, de forma que o projeto não seja muito prejudicado. Mesmo antes de chegarmos ao ambiente, podemos ver na planta a existência de uma viga naquele local e tomarmos as devidas providências. Mas sempre será um fator limitante, que deve ser considerado ao projetar a iluminação de determinado ambiente. Nesse caso, mesmo que apareça na planta o fator limitante, a visita ao local é indispensável, o que torna mais justificado o conceito definitivo do TBC – sigla que explicarei com detalhes no final deste capítulo

Por vezes, havendo rebaixos no teto, seja por vigas de sustentação ou por detalhe arquitetural, deveremos redimensionar o tipo de lâmpada, colocando alguma fonte de luz proporcionalmente com menos potência, de forma que compense o pé-direito mais baixo, objetivando uma iluminação geral mais homogênea possível.

Algumas vezes teremos de usar o artifício de trocar o tipo de luz, redimensionando para outra temperatura de cor, fazendo – disfarçadamente – dois ambientes. Também é possível trocar o tipo de iluminação, para iluminação indireta, com lâmpadas refletoras ou outro tipo que atenda nossa expectativa em termos de luminosidade. Isso sem agredir o ambiente, pois é necessário lembrar que ao executarmos um projeto de iluminação estamos fazendo obra de arte, pois como bem disse Pietro Palladino: "Luz é uma expressão de arte como a música".

Escolha do tipo de iluminação: identidade

Pelo que já escrevi até aqui, dá para perceber que este tópico é uma decorrência natural da evolução da iluminação. Antigamente, a iluminação era feita de forma precária, tendo o único objetivo de clarear nossas noites, ou seja, permitir que as pessoas pudessem realizar atividades noturnas ou em ambientes fechados de pouca luz natural.

Na evolução da luz, passamos a nos preocupar não mais em apenas iluminar, mas como iluminar e para quem iluminar. Registramos a grande diferença exigida para iluminar um ambiente freqüentado por um jovem ou um velho. Aqui já aparece o detalhe da identidade da luz, mas há outros exemplos também importantes:

- Uma pessoa agitada demais requer uma luz de conforto, relaxante, suave, capaz de acalmá-la – e sabemos que a luz tem essa capacidade.
- Uma pessoa de 75 anos necessita de uma luz mais intensa, pois já tem dificuldades de visão, por vezes bastante graves.
- Um laboratório de análise de cores e pigmentações é ambiente que exige muita luz e um índice de reprodução de cores próximo de 100.
- Um estúdio de TV não pode ter luz emitida por lâmpadas de filamento que irradiem muito calor no ambiente, pois atores e apresentadores usam maquilagem, inimiga do calor.

Poderia ficar discorrendo sobre muitos tipos de pessoas e ambientes, cada um requerendo uma iluminação diferente, especial, pois a exemplo das pessoas, os ambientes também são heterogêneos e por isso a iluminação deve estar identificada com quem vai utilizá-la no dia-a-dia.

Convém, então, sempre que possível escolher lâmpadas e equipamentos que confiram identidade própria ao local. Felizmente a tecnologia nos apresenta a cada dia uma nova forma, um novo conceito e, principalmente uma nova lâmpada, gerando luzes *sui generis*, que possibilitam essa criação identificatória – não só entre a luz e o ambiente, mas também com quem vai utilizá-lo.

Avaliação do consumo energético

Há casos em que a economia de energia deve ser fator preponderante. Para que possamos saber se uma iluminação será econômica, temos de avaliar o consumo energético.

De maneira simplificada, de acordo com a proposta deste livro, para avaliar a consumo energético, precisamos saber quantas lâmpadas utilizaremos e qual a potência dessas lâmpadas, pois, via de regra, a potência define o consumo de energia. Exemplo: uma lâmpada incandescente de 100 watts consome 100 watts por hora, ou 1 kw em cada 10 horas.

Somando as potências das lâmpadas, mais as perdas dos equipamentos, teremos o total do consumo previsto para aquele local. Perda dos equipamentos equivale ao consumo dos próprios, ou seja, um reator usado em lâmpadas fluorescentes, por exemplo, como produto elétrico que é, tem o seu próprio consumo de energia. Sendo reatores magnéticos, esse consumo, que se vai somar ao da lâmpada, chega até perto de 10%, enquanto que nos modernos reatores eletrônicos esse consumo, essa perda, já fica até abaixo de 5%. Nos catálogos dos reatores consta, ou deveria constar, consumo/perda de cada produto.

A importância do cálculo e da avaliação do consumo de energia em face da potência instalada decorre da necessidade de prevermos o consumo total do sistema, que será abastecido energeticamente, pela concessionária de energia.

Para iluminar residências pequenas, pequenas lojas ou locais, instalaremos entre 10 e 20 lâmpadas, que no total consumirão por volta de 2 KW/hora. O mundo da luz, porém, não pára nesses pequenos locais. Em determinados casos, estaremos tratando da iluminação total de um grande condomínio, de um shopping center, de uma indústria de grande porte etc. Então, passamos a pensar em um consumo, não de apenas 2KW/hora, mas de uma carga de às vezes vários megawatts.

No caso de grandes instalações, a iluminação é apenas mais um componente a consumir energia, somado à climatização, à refrigeração, aos motores elétricos e a outros equipamentos que necessitam de uma grande quantidade de energia elétrica e da instalação de transformadores de grande porte capaz de suprir a demanda daquele local.

É importante avaliar o consumo total da iluminação instalada para que não haja um consumo além do que está estimado para aquele prédio. Assim, evitaremos surpresas desagradáveis ao ligarmos o sistema, além de inúmeros problemas.

O que se deve saber também é em que horário será o pico da demanda, pois a avaliação deverá ser feita neste momento. Se o cálculo for feito durante um horário aleatório, pode faltar energia quando tudo estiver ligado em carga máxima. Em muitos casos, no horário do pico de demanda, os prédios com shoppings e hotéis, por exemplo, instalam geradores próprios de energia, visto que nos horários de pico a concessionária cobra um valor maior pelo consumo. Isso termina compensando o investimento na geração própria, que entra automaticamente, com sistema No Break quando a demanda passa de um determinado valor.

Assim, antes de começarmos nossa obra luminotécnica, devemos prever e calcular o consumo total do nosso projeto e verificar se existe capacidade energética para abastecer o sistema de iluminação que projetamos. Como diz o velho ditado: "O seguro morreu de velho, e o precavido ainda vive" ou: "Melhor prevenir do que remediar".

Sempre que pudermos antever todos os detalhes, teremos mais facilidade na hora da instalação e os resultados buscados no projeto serão mais facilmente atingidos. Quanto menos problemas tivermos durante o processo de execução, melhor será o resultado final, pois menos improvisações precisaremos fazer.

Determinação dos custos

O que parece elementar pode se tornar fundamental. Explico: se definirmos lâmpadas, luminárias e equipamentos que serão usados, calcularmos todos os detalhes de consumo, quantidade e disposição das luminárias para iluminação geral, bem como as de iluminação de destaque e de apoio e saímos a comprar e instalar tudo, podemos ter uma grande surpresa. Como não determinamos previamente os custos de cada equipamento, e ainda da mão-de-obra etc., pode não haver dinheiro suficiente para que tudo seja comprado, instalado e pronto.

Devemos, então, de forma simples ou sofisticada, preencher uma planilha, na qual colocaremos a previsão de custos de cada produto e detalhe do projeto, incluindo, é claro, os honorários do projetista.

É muito comum acontecer, depois de todos os cálculos na planilha, para chegarmos ao custo total da iluminação, que o contratante da obra alegue não ter recursos para tal projeto. Nesse caso, cabe ao projetista procurar alternativas.

Por exemplo, estava definido que seriam utilizadas lâmpadas metálicas de tubo cerâmico, tipo HCI- AR 111 POWER BALL ou CMD AR 111, infinitamente mais eficientes, mas muito mais caras e ainda têm em seu sistema os reatores, visto que se tratam de lâmpadas de descarga. Podemos substituí-las por lâmpadas AR 111 halógenas, reduzindo substancialmente os custos. Logicamente teremos outro efeito, de menor intensidade luminosa, mas sempre uma alternativa mais barata.

O fundamental é que definamos e discutamos tudo antes de iniciar o processo de compras e instalação, para que não haja problemas de execução por falta de recursos financeiros.

Escolha dos tipos de lâmpadas e luminárias

Quando definirmos o que e como queremos iluminar e, ainda, para quem vamos iluminar, definindo também detalhes como custo, situação energética etc., escolheremos as lâmpadas que vamos utilizar.

Uma vez definidos os tipos de lâmpadas, podemos escolher as luminárias, visto que uma é função da outra.

Nos dias atuais há uma imensa gama de lâmpadas e luminárias que possibilitam ao profissional da luz alternativas de bem iluminar, inclusive com lâmpadas de mesmo princípio de funcionamento e mesmo formato emitindo luz diferente, seja na cor da luz – na temperatura de cor, ou no ângulo de abertura do facho – no caso de refletoras. Um bom exemplo é que encontramos no mercado lâmpada dicróica com temperatura de cor de 3.000K e com 4.500K, ou seja, 50% mais branca, possibilitando que façamos dois ambientes pela cor de luz, como o mesmo tipo de lâmpada e luminária.

Podemos usar luminárias com ou sem aletas parabólicas, luminárias pintadas, de alumínio escovado ou de alta reflexão – 100% de pureza. Isso sempre vai depender da situação e do ambiente que vamos iluminar.

Podemos iluminar sem utilização de luminárias, por meio de sancas, por exemplo, e, sempre que possível, utilizando ao máximo a luz natural, luz do Rei Sol, que nos é fornecida gratuitamente pela natureza, sem necessidade de luminárias. Usaremos, no máximo, algum tipo de anteparo – que fará às vezes de luminária – para melhor direcionar a luz natural.

Tudo isso optando por escolher as lâmpadas e luminárias em função do tipo e da utilização da luz que faremos: que possa ser luz de trabalho ou luz de aconchego; luz de razão ou luz de emoção; luz técnica ou luz empírica e tantos outros tipos que se nos disponibilizam e que fazem a vida ficar mais bela e emocionante pela boa utilização da luz.

Controle do ofuscamento

Um dos maiores complicadores da iluminação é o ofuscamento. Controlá-lo é mais do que uma arte. É, acima de tudo, uma indispensável necessidade. A luz intensa e descontrolada provoca o ofuscamento, que é um efeito indesejável e desagradável. Poucas coisas na vida incomodam mais do que termos a visão ofuscada pela luz. Duvidam?

Pensem nas diversas ocasiões em que cruzaram na estrada com um automóvel com luz alta e descontrolada. Ruim, não é mesmo? Muito pior do que ruim neste caso, pois provoca acidentes e mortes no trânsito.

Agora, pensem numa loja iluminada com lâmpadas metálicas transparentes dentro de refletores prismáticos de policarbonato, e, para dar mais uma complicadinha, com pé-direito baixo. Esse sistema joga luz intensa em muitas direções, provocando grande ofuscamento. Caso a pessoa ousar olhar para cima, com certeza ficará "cega" por alguns segundos.

Se colocarmos uma luz sem controle em ambientes de trabalho com computadores, a luz poderá se projetar sobre a tela, impedindo que visualizemos normalmente o que nela aparecer, causando um cansaço visual pela tentativa sistemática do olho de se adaptar à situação incômoda causada pelo ofuscamento.

Pensando nessas e em muitas outras situações, devemos dar uma atenção especialíssima a este tema.

Muitos equipamentos auxiliam tal controle. É necessário utilizá-los em profusão, pois quanto menor for o ofuscamento melhor será a qualidade da luz.

Luminárias com aletas parabólicas reduzem sensivelmente o ofuscamento, permitindo uma boa visualização em telas de computadores. Neste caso (foto), com fluorescentes tubulares de 4.000K e IRC de 85.

Entre várias alternativas de controlar esse efeito danoso, temos:

- **Aletas parabólicas**, que desviam a luz, normalmente num ângulo de 45 graus, reduzindo drasticamente o ofuscamento, em especial os causados nas telas de vídeo, computadores e TVs. Essas aletas também ajudam muito no controle do ofuscamento da iluminação geral, além de tornar as luminárias mais bonitas, pois escondem – de certa forma – a lâmpada, que como já falamos é quase sempre o "patinho feio" do sistema de iluminação.

- **Vidros foscos** por jateamento ou mesmo por

qualquer outro processo de tire a translucidez do vidro. Nessa linha também se enquadram acrílicos foscos e outros materiais que reduzem e amenizam o efeito do ofuscamento.

■ **Iluminação Indireta**, que pode ser de diversas formas, como um banho de luz – wall washer – nas paredes, iluminando de forma indireta por reflexão; sancas que sempre vão fazer luz indireta e com reduzido nível de ofuscamento. Também é possível optar pela iluminação por deflexão, na qual a luz é dirigida com um projetor para uma placa defletora, que jogará a luz para o ambiente.

Sabemos que na origem as lâmpadas dicróicas foram dimensionadas para iluminação direta, de destaque mesmo, pois é um minirrefletor. Acontece que, por sua luz de ótima tonalidade de cor e razoável durabilidade – até 4.000 horas em alguns tipos –, muitos leigos e mesmo profissionais passaram a usá-las para iluminação geral dos mais diversos ambientes. Algumas situações, dependendo do pé-direito e mesmo da colocação da luminária, podem provocar grande ofuscamento ao usuário do ambiente. Quando isso ocorrer, uma alternativa é a colocação de lente de vidro fosco para reduzir esse ofuscamento. Evidentemente perderemos o efeito de luz direcionada, mas ganharemos em conforto visual e emocional. É extremamente desagradável termos sobre nossa cabeça a luz de uma fonte refletora. A sensação causada é de peso sobre a cabeça.

Sempre é necessário muito cuidado na utilização de lâmpadas/luminárias refletoras para iluminação geral de ambientes.

Acima de tudo muito cuidado na utilização indiscriminada da luz, tendo em mente que controlar o ofuscamento é fator essencial no bem iluminar, pois esse efeito é o inimigo número um da boa iluminação, seja doméstica, comercial, paisagística, de fachadas, automotiva e muito especialmente na iluminação cênica.

Imaginem um ator – o herói – na hora de dar o beijo final e apoteótico na heroína, com um foco mal dirigido diretamente em seus olhos e ele correr em direção errada e cair sobre a platéia. Parece que estou brincando, mas isso já aconteceu! Nesse caso, o ator tem outro vilão a enfrentar: a iluminação.

Outra ocasião muito peculiar e desagradável é quando colocamos uma lâmpada/luminária refletora de uma parede direcionada para outra, para destacar algum objeto, seja quadro ou algum detalhe arquitetônico e, inadvertidamente, a luz cruza o espaço em que as pessoas passarão, devido à pouca altura onde a fonte de luz está posicionada. No caso escrevi "cruza", mas poderia ser "corta" o espaço, pois a sensação de quem passa por um foco de luz fechado e direcionado é de que está cortando alguma coisa, e realmente está, pois ao passar corta o jato de luz, criando um efeito e uma sensação muito estranha, que não foi idealizada pelo iluminador. Nesses casos, há de se cuidar por onde passam as pessoas, para que a luz nunca corte o seu caminho.

A luz é fantástica quando bem utilizada. Então, todo o cuidado é pouco na redução do ofuscamento.

Definição da luz específica e de destaque

Quando alguém pensa em iluminar um espaço – um ambiente – deve pensar sempre no tipo de luz que deseja ali colocar. Há locais que se prestam para iluminação geral e abrangente, como há outros que requerem iluminação de destaque e específica. A situação mais freqüente, porém, é mesclar iluminação geral com específica ou de destaque.

Quando se trata de locais de iluminação mista, podemos tanto tratar primeiramente da iluminação geral e depois complementar com a iluminação de destaque, como fazer o inverso, pois tudo vai depender do tipo de iluminação que desejamos predominante, ou seja, que confira identidade ao ambiente.

Em muitos casos, objetos e detalhes da arquitetura são tão marcantes que queremos dar destaque exatamente a esses componentes. Muitas vezes a própria iluminação de destaque já é suficiente para iluminar o ambiente como um todo. Um bom exemplo são os restaurantes em que a iluminação é feita praticamente com lâmpadas AR 111 ou AR 70 focando as mesas de forma direta e, por propagação natural da luz, refletindo nas mesas, tornando o ambiente iluminado e de muito bom gosto. Nesses casos, o grande cuidado deixa de ser com o projeto e passa a ser com a manutenção. É muito comum que na hora da limpeza as mesas sejam deslocadas e não reordenadas em seus lugares de origem, ou seja, onde a luz está focando. Aí acontece aquele fenômeno em que a luz deixa de iluminar a mesa e ilumina eventualmente as pessoas, causando aquele efeito mais do que desagradável de se ter um peso sobre a cabeça. Cuidando-se para que as luzes sejam dirigidas sempre para os objetos originalmente iluminados, teremos sempre o efeito projetado pelo iluminador. Sempre relembrando que quando falo iluminador, estou englobando o lighting designer, o arquiteto de iluminação e outros especialistas em luz.

Quando a iluminação de destaque não é suficiente, mesmo que de bom gosto, devemos complementar com iluminação geral.

Antigamente pensava-se que deveríamos sempre começar pela iluminação geral, pois havia poucas alternativas para uma boa iluminação de destaque, mas hoje podemos nos dar ao luxo de buscar efeitos especiais e depois partirmos para o geral e tradicional.

No sistema "normal" fazemos a iluminação geral e complementamos com a iluminação de destaque, que dará o toque especial no ambiente, salientando as obras de arte e outros detalhes.

Temos que considerar que alguns componentes, como colunas, por exemplo, merecem uma atenção especial e devem ser destacados com uma luz refletora, seja com up light ou down light. Quando lançamos um jato de luz de cima para baixo, ou de baixo para cima, fazemos o alongamento da coluna, dando a impressão de que o pé-direito é mais alto.

Temos atualmente várias opções para fazer iluminação de destaque, pois a oferta dos produtos aumenta dia a dia. Temos lâmpadas halospot AR 111, halógenas, e as AR 111, metálicas, que aumentam superlativamente o fluxo luminoso, sendo realmente uma nova forma de iluminar. Temos três tipos de dicróicas: a comum, a titan e a cool blue, com três efeitos deferentes.

Para as tradicionais halopar 20 e 30, já temos as metálicas de tubo cerâmico, tipo HCI-PAR ou CDM-R, que representam a evolução para tais lâmpadas.

E ainda mais modernamente temos os módulos de LEDs, que fabricados com o modelo de refletoras, já conseguem fazer iluminação de destaque com grande eficiência e baixíssimo consumo energético. Viva a evolução, que cresce – sintomaticamente – na velocidade da luz.

Divisão de circuitos

Parece óbvio, especialmente agora que temos disponíveis várias alternativas de dimerização e até de sistema DALI, mas é indispensável lembrar que a simples colocação de três teclas de interruptores, cada uma ligando uma parte do ambiente, já produzirá uma grande redução na conta de luz. Possibilitará um tipo de iluminação dinâmica, pois podemos acender as luzes de forma setorizada, criando ambientes, que agora já conseguimos fazer exponencialmente com os sistemas DALI.

A propósito de conta de luz, um amigo meu, ex-presidente da empresa em que trabalho, OSRAM do Brasil, certa feita fez essa observação: "Temos em casa máquina de lavar, de secar, freezer, ferro elétrico, por vezes chuveiro elétrico e na hora da conta, chamamos de conta de luz, tal é o estigma que a luz carrega". Na verdade, trata-se de conta de energia, pois em muitas residências a menor parte do consumo é com a luz, especialmente nos modernos sistemas de iluminação que muito se preocupam em poupar, para que a conta de energia elétrica – e não de luz – seja mais aceitável.

Quando não pudermos colocar um Sistema DALI, devemos colocar dimmers e, quando nem a colocação de dimmer for possível, por limitação técnica ou financeira, devemos – ao menos – dividir os circuitos, deixando setorizada a iluminação.

Quando projetei a iluminação dos novos vestiários do Estádio Beira-Rio, do Sport Club Internacional, encontrei, para um ambiente de 1.100 metros quadrados, apenas um quadro de disjuntores, que ligava todas as luzes.

Só pelo fato de colocarmos interruptores de sala em sala já conseguimos uma redução fantástica no consumo de energia. Isso, somado à troca de lâmpadas antigas por sistemas modernos, com reatores alemães de última geração, proporcionou ao Clube uma fantástica economia de energia, além de uma iluminação mais moderna e mais eficiente também no aspecto funcional e estético. Na verdade, pouquíssimos clubes no mundo têm iluminação e vestiários do nível dos do Beira-Rio.

Podem ter certeza que o menor investimento neste caso foi com a iluminação, mas, mesmo que tivesse sido alto, tudo o que foi projetado e construído seria bem menos valorizado se a iluminação deixasse a desejar. A iluminação valorizou o ambiente esportivo com beleza, funcionalidade, economia (com a divisão de circuitos e acendimento de cada sala separadamente). Parece óbvia, mas nem sempre essa regrinha é obedecida, especialmente em construções antigas.

É evidente que se tudo o que se instalou fosse incrementado com sistemas dimerizáveis, a economia de energia seria ainda maior, assunto que abordaremos no próximo item.

Dimerização

No caso do Beira-Rio, dividimos o circuito e obtivemos funcionalidade e economia. Podemos dizer que isso é apenas um pequeno passo na grande caminhada empreendida pela iluminação moderna na direção da poupança de energia, ou, como se diz comumente, da economia de energia.

Com a possibilidade de dimerizar lâmpadas fluorescentes, o caminho se alargou e deixou de ser apenas uma alternativa de menor consumo ou consumo racional da energia elétrica na iluminação, pois passamos a ter uma imensa gama de oportunidades para variar a intensidade de luz de um ambiente, fazendo com que uma mesma instalação possa criar vários climas de luz. Podemos ter uma luz mais intensa para ocasiões festivas e, com o simples girar de um botão, reduzir o nível de iluminamento, ficando uma luz mais suave e acolhedora e, ao mesmo tempo, poupando energia elétrica.

Vale lembrar que até poucos anos podíamos dimerizar apenas lâmpadas de filamento, fazendo a variação da tensão, ou seja, aumentando a tensão – voltagem – a lâmpada iluminava mais e consumia mais e, reduzindo a tensão, a lâmpada consumia e consome menos iluminando muito menos.

A tecnologia nos brinda com a fantástica oportunidade de variar a quantidade de luz das fluorescentes – e isso é apenas mais um passo nessa caminhada que orienta o ser humano para o total domínio da luz. Com a dimerização de fluorescentes passamos a ter a real possibilidade de criar diversos cenários, ao variar a intensidade de luz de cada fonte luminosa. Foi o início da criação do revolucionário Sistema DALI, abordado neste livro, mas assunto não esgotado, pois para falar tudo sobre DALI seria necessário escrever outro livro.

De qualquer forma, voltando ao item deste tópico, é quase impensável a elaboração de um projeto nos dias de hoje sem utilizar os recursos que a dimerização nos apresenta, pois com ela a luz ficou mais funcional e dinâmica.

Gerenciamento da luz

É um dos passos mais importantes na feitura de um projeto.

Logicamente o sistema DALI é o que de melhor temos atualmente para o gerenciamento luminoso dos ambientes, mas existem outros, como o sistema analógico de 1 – 10 V, que é menos moderno e de mais difícil instalação, mas possibilita igualmente que dominemos a luz utilizada na iluminação dos mais diversos locais.

Quando falamos nesses dois sistemas que nos dão maiores alternativas, é necessário lembrar que o dimmer manual, tanto de lâmpadas de filamento, incandescentes, como das lâmpadas de descarga, fluorescentes, possibilita variar a luz, dando-nos essa conotação de gerenciamento. Também a simples divisão dos circuitos, alternando o acendimento de setores, é uma forma rudimentar de fazer esse trabalho, que possibilita dinamizar a luz e poupar energia elétrica.

A possibilidade de gerenciar a luz é, pois, uma excepcional ajuda aos profissionais que projetam e executam sistemas de iluminação, sendo requisito quase indispensável quando se pensa em iluminar ambientes.

Avaliação do resultado final

Quando projetamos uma obra, idealizamos, colocamos no papel, definimos as várias etapas e, no caso da iluminação, definimos vários passos que nos levarão à conclusão da obra de acordo com o nosso objetivo.

Podemos ter feito um trabalho brilhante ou comum, sofisticado ou simples, funcional ou não. Mas é possível ter certeza de que os objetivos reais idealizados na concepção do projeto serão plenamente atingidos? Sim, desde que façamos o que se chama de avaliação do resultado final. Em muitos casos, depois de tudo muito bem projetado, acompanhado e instalado, quando vamos ao local com a normal expectativa de ver algo maravilhoso (já com uma exclamação ensaiada de "Excelente! Era exatamente isso que eu imaginava quando idealizei este ambiente"), para nossa surpresa o local está diferente do que havia sido planejado. Ao percebermos que a realidade não corresponde ao que havíamos definido, é necessário tomar medidas corretivas, que podem ser desde a simples complementação com iluminação de apoio até a troca de lâmpadas ou luminárias.

Um exemplo: projetamos a utilização de um tipo de lâmpada e, ao chegarmos ao ambiente, uma surpresa nos aguarda. Foram instaladas lâmpadas de outro tipo. Fluorescentes com pó comum em vez de pó tri fósforo ou na cor 840, quando queríamos 830. Claro que aqui é simples, basta trocar as lâmpadas, mas há outras modificações que complicam demais.

Deixemos de ser pessimistas e encaremos essa avaliação de outra forma. Olhamos e concluímos que ficou exatamente como queríamos e, mais ainda, era aquilo que nosso cliente desejava. Nesse caso, basta escolher a forma de comemoração.

Neste item sobre avaliação, estou querendo deixar claro – quando se fala de luz, "claro" é uma ótima palavra – que iluminação não é ciência exata, por mais que utilize fórmulas e grandezas científicas. Felizmente, a iluminação apenas se utiliza da ciência, mas é uma forma de expressão artística e, por isso, tão valorizada (valorização esta que só tende a aumentar).

A ciência nos coloca recursos tecnológicos que possibilitam a utilização mais racional e inteligente da luz, mas o diferencial é, e continuará sendo, o profissional, o projetista, o desenhista da luz. Por isso, gosto muito de utilizar o termo "arquitetura da luz", algo artístico, enquanto que a consagrada expressão inglesa *lighting designer*, evoca algo mais técnico. Sem nenhum preconceito aos diversos profissionais que fazem da luz o seu dia-a-dia, sejam arquitetos, engenheiros, decoradores, iluminadores, cenógrafos e outros tantos, tenho esse sentimento pessoal – e olha que não sou arquiteto – de que arquiteto de iluminação é algo definidor para quem mexe com esse fantástico tema que é a iluminação.

Quando falo de fazer a arquitetura da iluminação, não me refiro à formação acadêmica, pois conheço excelentes profissionais, autores de maravilhosos projetos, dignos de serem chamados arquitetos de iluminação, mesmo tendo outra formação acadêmica.

Vou tentar clarear. Um médico de família, no interior, que cuida de forma competente os habitantes da cidade, é considerado um astro, um destaque e como ele é chamado? Doutor. Sem fazer doutorado, por vezes complementou a residência médica naquela cidade e por lá ficou, e todos o chamam de doutor. Por quê? Pela excelência do seu trabalho em salvar vidas. Logo, sem melindres aos formados em arquitetura, que têm meu maior apreço e respeito, permitam-me esta espécie de licença poética: chamar os grandes profissionais da iluminação de arquitetos da luz. O melhor caminho para a carreira de um projetista de iluminação é fazer graduação em arquitetura, pois, por tudo que enalteci sobre a matéria, é o caminho mais lógico para conseguir ser um arquiteto de iluminação.

Na avaliação de resultado final é que veremos se a iluminação foi bem arquitetada.

A avaliação final é o momento maior do projeto, é ápice de tudo, quando se chega à conclusão de que tudo está perfeito, ou seja, com efeito igual ou melhor do que o idealizado. Por isso, enfoco com tanta ênfase este passo tão importante.

Eletricista / instalador?

Em todo o processo de um projeto de iluminação, como vimos, vários fatores influenciam para melhorá-lo ou piorá-lo. Um dos fatores que está totalmente de acordo com esse espírito é justamente quem vai instalar as lâmpadas e equipamentos, o eletricista.

Normalmente o projetista já tem um profissional de confiança para fazer a instalação, pois sabe da sua importância para o resultado final. Aqui não se pode relaxar, pois quem vai executar a mão-de-obra deve conhecer bem a parte elétrica – e principalmente os produtos que vão compor a iluminação do ambiente.

Sem um profissional de confiança ou, pior ainda, despreparado, poderemos ter contratado o inimigo número um do sucesso do nosso projeto. É uma verdadeira ironia, pois quem deveria ser um aliado para valorizar o projeto, se transforma em um problema.

Um exemplo é típico e acontece com muita freqüência. Alguém que se diz eletricista pega a relação de materiais, vai à loja de algum amigo e compra tudo mais barato do que o projetista havia indicado no anteprojeto.

(E aí, Mauri? Estavas a falar mal e o cara vai lá gasta menos, poupando na compra para agradar o profissional da luz e o contratante da obra.)

Típico caso do parece, mas não é. Na verdade, o que comprou mais barato foram materiais de péssima qualidade e origem duvidosa, bem diferente do que fora especificado.

No lugar de lâmpadas fluorescentes com pó tri fósforo comprou lâmpadas comuns, quase a metade do preço; em vez de reatores de alta performance com THD menor do que 10, ele comprou reatores comuns com THD acima de 30; comprou luminária com refletor pintado, quando o indicado era para ser de alumínio. Tudo isso sem contar outros materiais, como fios etc.

Pronto! Assim se materializa o total desvirtuamento e se acaba com o que foi projetado com carinho e profissionalismo.

O que precisamos entender é que, ao se fazer um projeto, muitos detalhes são levados em conta e jamais os materiais especificados podem ser trocados sem um acordo com quem projetou. Equivale a uma medicação receitada pelo médico, que só pode ser trocada com a concordância dele, para não corrermos o risco de o remédio acabar acelerando doenças em vez de curá-las.

Aos eletricistas que possam estar lendo este livro, o meu apelo é para que se atualizem, estudem para melhor conhecer materiais de iluminação. Se não quiserem ou não puderem fazer isso, ao menos comprem exatamente o que está especificado. Se for para trocar algum equipamento ou produto, consultem antes o profissional que especificou e projetou tudo. Recomenda-se não fazer o que na medicina se chama de automedicação, que tanto mal tem causado à saúde das pessoas, levando-as inclusive à morte. Atenção e cuidado é o que recomendamos, para que se valorizem como profissionais eletricistas e ajudem a melhorar o conceito sobre toda a sua classe.

Na dúvida, não ultrapasse, diz o anúncio nas estradas. Vamos transportar para nossa matéria e dizer: na dúvida, não troque nada, compre exatamente o que foi especificado ou consulte quem fez o projeto. Assim ambos os profissionais estarão preservados: O eletricista, que instalou o que foi especificado, e o projetista, que terá o efeito desejado, resultando numa total satisfação de todos, mas especialmente do cliente que contratou o trabalho.

Esse procedimento, aliás, vale para todos os segmentos e tem um nome próprio e definitivo — honestidade profissional. Convenhamos: agir corretamente contribui para que a vida particular melhore, além de ajudar na construção de um Mundo Melhor.

Divagando um pouco, há pessoas que se acham politicamente corretas porque preservam os vegetais, plantam árvores e são voluntários nas ONGs. Quando estão no seu trabalho, porém, fazem coisas erradas como as do exemplo anterior. Como passamos a maior parte de nosso tempo trabalhando, para fazermos um mundo melhor, devemos agir dentro do politicamente correto exatamente no nosso trabalho.

Boas instalações, amigos eletricistas!

Manutenção

É muito comum pensar que depois de feita a instalação, do projeto afinado, tudo muito preciso e exato em relação aos efeitos desejados, enfim, um projeto feito, executado e resultando em beleza e funcionalidade, que tudo esteja terminado. Engano que ainda se comete, mas felizmente, dentro da chamada cultura brasileira de iluminação, em franco desenvolvimento, uma grande parte dos profissionais da luz já tem entendimento real e luta para que esse tipo de erro não ocorra. Para esses bons profissionais, que já são muitos, a execução completa da obra é o passo maior e mais importante, mas não é finalização. Existe uma seqüência que deve ser perseguida por todos, para que tudo fique realmente completo: a isso chamamos manutenção.

Um hotel cinco estrelas, de nível internacional, foi inaugurado com um fantástico e inovador projeto de iluminação para a época. O hall foi todo iluminado com as mais modernas luminárias para duas lâmpadas fluorescentes compactas — novidade recém-chegada ao Brasil — com a relaxante cor 827, ou seja, 2700K, cor de aconchego, bem adequada ao ambiente. O projeto, assinado por um importantíssimo escritório de arquitetura de iluminação dos EUA, foi executado dentro do mais rigoroso acompanhamento, como costuma ocorrer nesses casos.

Na inauguração, dentre as tantas singularidades arquitetônicas daquela novidade em Porto Alegre, o que mais chamava a atenção era a iluminação.

Algum tempo depois, voltei ao hotel para dar uma palestra sobre iluminação em um de seus suntuosos salões/auditórios. Quando entrei no hotel, tive um choque. Um verdadeiro festival de cores de luz estava sobre nossas cabeças. O ambiente aconchegante se transformara num grotesco e antigo salão de carnaval (que me perdoem os novos e competentes carnavalescos, que assinam trabalhos maravilhosos). Havia no mínimo três tonalidades de cor de luz: a original, de 2700K, outras de 4000K e algumas menos votadas por volta de 5000 a 6.500K, sendo estas últimas com pintura de pó standard, ou seja, com péssima reprodução de cores. Estava completamente descaracterizado o projeto original. Mais do que isso, podemos dizer que transformaram uma obra de arte numa autêntica bagunça arquitetônica em termos de iluminação.

Gastaram uma fortuna para contratar um escritório no exterior e outro tanto para executar a obra para, em seguida, por absoluta falta de acompanhamento – manutenção mesmo – tudo foi por água abaixo.

Aconteceu o que, infelizmente, ocorre quando o projetista não consegue ter acesso e acompanhar o pós-obra. As lâmpadas queimadas foram substituídas por outras, compradas à revelia. Não tiveram nem o trabalho de identificar marca, modelo e comprar produtos ao menos semelhantes. Foram lá e compraram o que tinha na loja, ou até algo mais barato, a fim de "poupar" para o hotel. Economia porca, isso foi o que fizeram.

Por isso, sugerimos que quem executou uma obra se preocupe, e muito, com sua manutenção. Ao entregá-la, deve ter o cuidado de deixar uma receita – um memorial descritivo – com modelos e marcas para a reposição dos produtos. Quando isso não é feito ou não se obedece ao projeto original, há um retrocesso. O próximo passo, certamente, será voltar a utilizar lâmpadas incandescentes comuns. De que adianta especificar produtos de alta tecnologia, se na troca ou na manutenção os compradores e instaladores não seguem o que está prescrito?

Então, você que quer ser um verdadeiro especialista e projetar iluminação, não deve abrir mão desse inalienável direito de acompanhar a manutenção, mesmo que nada ganhe para isso. É questão de bom gosto e valorização profissional manter sua obra com aspecto original ou, ao menos, semelhante ao projetado.

É o mesmo que colocar um filho no mundo e não se preocupar com sua criação e educação.

Diarista

Em minhas palestras e aulas, chamo atenção até para o trabalho das diaristas ou empregadas domésticas, quando a preocupação é a manutenção do projeto.

E alguns pensarão que só falta o Mauri agora querer que a minha empregada entenda de iluminação para que o projeto original fique com as características inalteradas.

Claro que não será necessário que a diarista/empregada conheça o tema, até porque cobraria muito mais caro da patroa, pois teria seus "direitos" aumentados.

Acontece que ao limpar, por exemplo, uma luminária que projeta luz sobre um objeto, um espaço, é corriqueiro que ela troque inadvertidamente a posição e acabe desviando o foco de luz, deixando de iluminar o que estava originalmente iluminando.

Num restaurante, é muito usual e de bom gosto focar com uma lâmpada refletora exatamente o espaço da mesa, para que o cliente enxergue a mesa e o que está sobre ela, sentindo aquele efeito mágico procurado por todos envolvidos em iluminação, sejam fábricas de lâmpadas, de luminárias ou os iluminadores – arquitetos de iluminação. É justamente aparecer o efeito – a luz – e não a lâmpada/luminária.

Quando as mesas não são fixas, o gerente do restaurante tem de ficar atento para que, ao arrastar as mesas para limpar o chão, elas sejam recolocadas no seu local original, para que a luz continue iluminando a mesas e não a cabeça dos clientes ou outros espaços.

Notaram então que não é exagero meu dizer que até a diarista pode complicar um projeto de iluminação e este exemplo é emblemático para que todos fiquem atentos a esse fundamental aspecto da iluminação, que é justamente a manutenção.

Eventuais correções

Depois de feito e executado o projeto, após orientar os usuários do ambiente sobre os problemas de manutenção e tudo o mais que escrevemos nos capítulos e itens anteriores, olhamos para nossa obra e notamos que não era bem aquilo que queríamos nem que projetamos.

Alguns fatores podem ter distorcido a idéia original, como arquitetura/engenharia ou deficiência de algum produto utilizado. Temos, então, de partir para as correções, que podem envolver algo simples, uma troca de lâmpadas, mas também algum aspecto mais profundo, como o aumento do número de luminárias ou até, em casos mais raros, a troca das luminárias por deficiência destas na projeção da luz para o recinto.

Normalmente a correção mais comum é complementar a iluminação com uma luz de apoio, seja com a colocação de algum outro tipo de luminária/lâmpada, mas especialmente usando paralelamente outro conceito de luz. Exemplo: temos uma iluminação geral e ficou menos luz que imaginávamos. Usamos o recurso de colocar refletoras, direcionando a luz para objetos ou mesmo para as paredes, fazendo a complementação do fluxo luminoso desejado.

As formas de correções são inúmeras, mas cada caso exige uma solução específica.

Portanto, caso seu projeto não tenha ficado exatamente como desejado, use e abuse de luz complementar, que pode resultar numa composição de bom gosto, dependendo do caso e da criatividade de cada um.

O fundamental é que se tenha consciência e autocrítica para pensar na possibilidade de melhorar a iluminação, e não fazer como alguns maus profissionais, que simplesmente definem a quantidade de luminárias e abandonam o cliente, sem aceitar que não era bem isso que haviam projetado.

Exceções

Como em tudo na vida, na iluminação temos regras e as respectivas exceções para confirmar essas regras. É sempre negativo se apegar as regras e delas não se afastar. Regras são orientações esquemáticas de forma ordenada para facilitar o entendimento e a execução de algum trabalho. Ficar rigorosamente o tempo todo dentro das regras é quase tão pernicioso quanto desobedecer-lhes.

Sabemos, por regra, que para ambientes de relaxamento como um dormitório, devemos colocar uma luz em tom mais amarelado, na faixa de 2.700 a 3.000K. Certa feita, numa palestra para arquitetos, afirmei que dormitórios requerem luz nessa faixa de cor. Ao terminar, fui interpelado por um conhecido arquiteto, que me falou:

– *Mauri, tu não podes afirmar que em dormitórios devemos utilizar temperatura de cor de luz baixa, pois eu mesmo iluminei um apartamento, colocando 4.000K no quarto.*

Perguntei a ele como era esse ambiente antes de me posicionar, como faria qualquer pessoa com um número razoável de palestras sobre o mesmo tema, o que era o meu caso. Respondeu-me que era um dormitório num antigo apartamento, no fundo de um longo corredor, com pequenas aberturas em pequeníssimo número. Ficou claro que nessas condições não tinha como fazer diferente, pois um lugar hermético, num prédio antigo, com uma iluminação de baixa temperatura de cor, correria o risco de assemelhar-se a uma adega, levando à depressão qualquer morador que tivesse um mínimo de tendência para tal. Cheguei a brincar que teriam de ser cobradas, junto com o projeto, as consultas de um psicoterapeuta, para aliviar a depressão que ali poderia se instalar. Chegamos a um consenso, nem poderia ser diferente, consagrando o dito histórico que toda a regra tem exceção.

Fiquemos sempre atentos para usar e adequar a regra ao nosso trabalho e ao nosso projeto, sem que seja definidora total do que podemos fazer. Nunca é demais relembrar: ao iluminarmos um ambiente, podemos estar fazendo uma obra de arte. A sensibilidade e o bom gosto deverão andar sempre de mãos dadas com as fórmulas e os fundamentos luminotécnicos.

TBC

Muitos outros aspectos devem ser observados quando tratamos de um projeto de iluminação. Descrevi uma abrangente quantidade de passos que devemos dar para construir um ambiente onde a luz seja eficiente, bela e funcional, mas outros passos existem e não tenho a pretensão de elencar todos. O último que cito nessa seqüência é fundamental e encerra no seu conceito e enunciado um aspecto que sempre procuro colocar em meus livros e em minhas palestras e aulas: o bom humor.

Ao ler essas três letras todos ficam curiosos para saber o que significam. Explico: quando fazemos um projeto, devemos acompanhar todos os passos, até a conclusão da obra. Acompanhar a obra não é ficar no escritório recebendo informações dos funcionários de como estão indo os trabalhos. É muito mais do que isso. Para evitar que ao final tenhamos a surpresa de ver que a obra não está como foi projetada, é necessário checar cada etapa. Para fazer isso não podemos ficar o tempo todo no escritório, sentados numa confortável cadeira atrás de uma bonita mesa. Temos de visitar freqüentemente a obra e acompanhar todo o processo in loco, para fazermos as possíveis correções na medida em que as eventuais distorções ocorrerem. Fazendo assim, garantiremos a boa execução do que foi projetado.

Isso mesmo, para acompanhar de perto a obra, é necessário sair muitas vezes do escritório, torna-se necessária a prática do TBC, que é exatamente **Tirar a Bunda da Cadeira.**

Idéia dominante de um projeto de iluminação:
"Estamos fazendo uma obra de arte –
uma sinfonia musical"

Projeto na prática

O que chamo de "Projeto na prática" é, na verdade, uma indicação em forma de macete quanto à altura que cada lâmpada consegue iluminar de forma normal, sempre dependendo do tipo de luminária a ser utilizada, mas que nunca fugirá muito do descrito. Podemos ter luminárias especiais que alongam o fluxo luminoso, mas, como já escrevemos, serão sempre exceções. Na média, as alturas ideais para cada tipo de lâmpadas são as que seguem.

Dependerá também do tipo de ambiente e cores de parede, teto e piso, mas sempre serão válidas as indicações com uma boa média a ser seguida, principalmente para não cometer erros grosseiros que tenho notado, como colocar luminárias com fluorescentes com lâmpadas de 16W, para iluminar um supermercado com um pé-direito de quase 7 metros. Por mais eficiente que fossem as luminárias, ficaria impossível que a área de vendas resultasse bem iluminada.

Outro extremo seria colocar uma metálica tipo HQI 400W para iluminar uma loja com pé-direito de 2,7 m.

Penso que com esses dois exemplos extremos, fica clara a necessidade de sabermos a média de altura em que deveremos colocar cada tipo de lâmpadas.

Os dois erros anteriores são induzidos pelo cálculo da quantidade de luminárias, o tradicional método das eficiências. Na fórmula matemática, uma equação, colocando-se a quantidade de lumens de uma lâmpada teremos uma quantidade de luminárias. Isso, porém, não vai garantir a boa iluminação do ambiente, pois sempre o fator altura – pé-direito – deverá ser levando em consideração para se evitar qualquer tipo de erro.

Evidente que quando temos definido o tipo de luminária com sua CDL (Curva de Distribuição Luminosa), podemos saber exatamente a projeção da luz sobre o plano a ser iluminado. Na quase totalidade dos casos, este procedimento técnico indicará que as alturas e os tipos de lâmpadas são muito próximos das que indicaremos a seguir.

Enfatizo que as indicações são observações oriundas da prática mesmo e servem como orientação referencial para definir o tipo de lâmpada a utilizar para cada altura de pé-direito, ou seja, queremos iluminar um galpão com pé-direito de 7 metros. Com a utilização da indicação que segue, podemos definir, por exemplo, que em vez de utilizar uma lâmpada de sódio de 70W devemos usar uma de 250 ou 400W.

Isso, porém, não exclui o cálculo luminotécnico específico e determinado por parâmetros do ambiente, curvas de distribuição luminosa das luminárias e todos os demais detalhes que colaboram para um bom projeto de iluminação. Na dúvida, claro, consulte ou contrate um arquiteto de iluminação.

Na seqüência, relacionamos os principais tipos de luminárias, bem como relembramos os equipamentos auxiliares normalmente utilizados para ligar as lâmpadas:

Projeto na Prática – Alturas

▪ Iluminação Interna:

- Até 2,7 m . Flúor de 14/16/18/20 W / incluindo compactas
- 3 m .... Flúor 28/32/36/40 w / Compactas de 26 / 42 w
- 4 m .... Flúor T-5 54/W /Metálicas de 70 w / Compactas 57w /70 w
- 5 m .... Flúor T-5 80 w/HOT12 110 w/Metálicas 150 w
- 7 m .... Metálicas e Sódio 250 e 400 w

▪ Iluminação Externa:

- De 7 a 12 m..........Metálicas/Sódio 400W
- Até 15 m................. Metálicas / Sódio de 1000 w
- Acima de 18 m........ Metálicas de 1500 e 2000 w

▪ Tipos de Luminárias:

- Industrializadas, que são muitas
- Artesanais
- Criativas
- Com aletas parabólicas antiofuscantes
- Com vidro jateado fosco para reduzir o ofuscamento
- Com vidro transparente para lâmpadas sílicas
- Sem vidros para lâmpadas do tipo PAR e outras refletoras
- Com filtros coloridos ou não
- Com refletor simétrico
- Com refletor assimétrico
- Com placa defletora

▪ Tipos de reatores:

Eletromagnéticos – antigos e pesados

- Interferências – eletromagnéticas pelo ar
- Aplicados em fluorescente, mercúrio, metálica, sódio.

Eletrônicos – modernos e leves
- Interferências – harmônicas, entre outras, pelo circuito elétrico
- Aplicação em fluorescentes e algumas metálicas

Eletrônico tipo DALI
- Para controle e gerenciamento da luz

- **Transformadores – magnéticos e eletrônicos**
  - Alguns eletrônicos são dimerizáveis

Importância dos catálogos

Para qualquer instalação ou operação que queiramos fazer, sempre se recomenda, antes de qualquer coisa, a leitura do catálogo. No caso de iluminação, isso é indispensável, pois estamos tratando de uma matéria que implica em mais de cinco mil tipos de lâmpadas. Por mais experiência em iluminação que tenhamos, não conseguiremos fazer um projeto sem termos em mãos as informações técnicas que o catálogo traz.

Quando não tivermos o catálogo impresso – cada vez mais raro – em mãos, utilizaremos os sites dos fabricantes, sempre mais atualizados.

Nos dois casos é fundamental entendermos todos os detalhes de cada produto, caso contrário poderá nos escapar alguma informação importante para o bom funcionamento do sistema. Há alguns tipos de instalações que exigem, por exemplo, aterramento, sem o qual não funcionarão satisfatoriamente. Só com a leitura atenta do catálogo podemos saber de detalhes como fluxo luminoso das lâmpadas, tensão, potência, corrente etc.

Podemos ligar um aparelho eletrodoméstico sem ler o manual/catálogo, mas é impossível fazermos um projeto de iluminação sem as informações de cada produto, fornecidas pelo catálogo, seja eletrônico ou impresso.

No caso das luminárias, é no catálogo que estão suas variáveis, como CDL (a já mencionada Curva de Distribuição Luminosa), tipo de refletor, dimensões, indicação do tipo de lâmpada a que se destina etc.

Muitas vezes basta olhar o catálogo para ter todas as informações de que se necessita. Também é comum contatar algum amigo ou o próprio fabricante para pedir orientações técnicas que normalmente estão no catálogo ou no site.

A única coisa que temos a fazer é aprender a tirar dos catálogos as informações necessárias. Para isso, é necessário conhecer um mínimo de iluminação e elétrica. Quando não entender a linguagem técnica que está escrita, está será a hora de ligar para o fabricante ou algum colega mais experiente. Há, ainda, a alternativa de comunicar-se com este autor, sempre disponível para falar sobre o tema, que o fascina e pelo qual é um apaixonado. Iluminação é tema fantasticamente apaixonante e não me canso de vivenciá-lo.

Projetos: personalidades próprias

Quando falamos de projetos de iluminação podemos pensar de forma genérica e focar os aspectos técnicos da quantidade de luz para determinado ambiente, sejam pelo cálculo da iluminação geral visto neste livro, pelo cálculo ponto a ponto ou pelos mais diversos programas virtuais com software, normalmente ligados aos fabricantes de luminárias.

Na verdade, porém, ou melhor, na realidade e na prática, iluminar um ambiente de forma adequada é muito mais do que números e fórmulas, pois luz, na maioria dos casos, pressupõe emoção.

Como já mencionamos, existe a luz razão e a luz emoção. Mesmo quando utilizamos a luz razão é indispensável uma boa quantidade de emoção para que o todo funcione adequadamente, pois não estamos fazendo a iluminação para que a obra se baste, ou seja, para as paredes, o concreto, as portas. Nós estamos iluminando para o bem-estar das pessoas e, ao envolvermos o ser humano, lidamos com a emoção, e em maior ou menor grau, esse sentimento estará presente.

A seguir, rumaremos para os diversos ambientes e suas respectivas iluminações. De acordo com a proposta deste livro, serão dicas diretas e em linguagem fácil, para que todos possam entender com maior ou menor facilidade.

Importante ficar claro que a iluminação de algum ambiente não se esgota nos exemplos que relatarei. As possibilidades, quando se fala nesse tema, são ilimitadas. O entendimento das dicas registradas já terá sido um grande avanço para que o projeto prático de iluminação seja feito com coerência e técnica, resultando em funcionalidade e beleza.

ILUMINAÇÃO RESIDENCIAL

Comecemos pelas residências, pois é onde efetivamente vivemos nossas melhores horas. Passamos o maior período de nossas vidas no ambiente de trabalho e, se os momentos em que estamos em casa não são os melhores, cuidado! Há necessidade de rever nossas vidas. (Mas esse é outro assunto, e foi tema de livro anterior, **Casamento feliz: possibilidade ou utopia**, também publicado pela LCM – Editora Ciência Moderna.)

Iluminar residências é trabalhar com um espaço que não é único, pois conta com diversos ambientes.

Começaremos pela cozinha. A escolha se deve, entre motivos, a uma de minhas paixões, cozinhar! Além de proporcionar satisfação, ela também funciona para mim como terapia. Estou estressado, irritado, vou cozinhar. Enquanto alguns vão pescar, eu cozinho!

Dizem que o alemão começa sempre pela cozinha. Dorme diretamente no piso, mas monta uma cozinha de última geração. Depois vai avançando pela casa, sempre privilegiando o essencial, para depois se preocupar com o acessório. Antes de completar a decoração de um ambiente, não começa o outro – um de cada vez, de acordo com a metódica característica da cultura alemã.

Cozinha

Começamos usando a definição básica de que para esse local se requer luz abundante e cor fria, no mínimo por volta de 4.000K, pois é lugar de tarefas, tornando-se necessária uma luz que nos desperte – luz de trabalho –, na faixa de 300 lux ou mais, dependendo de quem vai usar o ambiente.

- **Iluminação geral:** Usar lâmpadas fluorescentes, que podem ser tubulares T-8 ou T-5 ou compactas, cor 840, em luminárias adequadas para o espaço. Quando falo luminárias adequadas, quero dizer que em alguns casos serão embutidas e, quando não houver teto de gesso, usam-se luminárias de sobrepor. Porque há grande diversidade de produtos no mercado, temos a opção de escolher o mais belo e funcional para cada caso.
- **Copa:** Definida a iluminação geral, iluminaremos a copa, normalmente conjugada com a cozinha, podendo ter as mesmas características desta ou simplesmente contar com uma luminária pendente sobre a mesa de refeições (com uma lâmpada compacta ou até uma refletora destacando o espaço da mesa).
- **Balcão** A iluminação do balcão/pia deverá ser com luz fria e excelente reprodução de cores. Luz fria na temperatura de cor e na dissipação de calor – fluorescentes são as mais indicadas. Como normalmente a luminária fica próxima das mãos, usar lâmpadas incandescentes e halógenas é uma temeridade, que causam desconforto para quem trabalha no local. Normalmente os modernos armários já vêm com lâmpadas fluorescentes embutidas e alguns possuem lâmpadas de qualidade, na cor 840 ou 850. Há os que poupam na iluminação para reduzir custos e colocam lâmpadas "genéricas". Nesses casos é importante verificar a lâmpada instalada no armário, para que não atrapalhe nosso projeto geral da cozinha.
- **Fogão** O fogão normalmente é iluminado pela luz da coifa. Aqui vale a mesma observação: verificar o tipo de lâmpada instalada e, se for o caso, trocar ou mesmo colocar uma luz de apoio. Como gosto de cozinhar, indico sempre uma luz teatral para o fogão, lugar onde o artista vai trabalhar. Devemos ter o cuidado de colocar as luminárias de forma estratégica para iluminar o fogão e as panelas, sem sombras. Colocando luminárias atrás, o corpo e os braços criarão sombras indesejáveis sobre os objetos e as comidas que estiverem sendo pre-

86 ILUMINAÇÃO - Simplificando o projeto

Iluminação com halógenas tipo Halopin (funcionam em 127 ou 220V, sem necessidade de transformadores). IRC de 100% permite admirarmos a cor real dos alimentos. Fluorescentes com boa reprodução de cores são as mais utilizadas.

paradas. Melhor é que a luz venha de forma perpendicular ao fogão ou lateralmente num ângulo fechado para que se tenha ampla visão da comida preparada. Não esquecer que deve ser luz com boa reprodução de cores, para não corrermos o risco de um molho ferrugem parecer um molho pardo, isto é, de termos uma impressão errada da cor do alimento preparado.

Outro cuidado que devemos ter é o de não usar lâmpadas expostas, pois o vapor e a gordura das panelas serão um complicador para a iluminação. Devem ser usadas luminárias herméticas e que possam ser limpas constantemente.

■ **Destaques** Mesmo se tratando de cozinha

sempre aparecerão objetos a serem destacados (pode ser um quadro na parede, o balcão que divide copa e cozinha, um objeto especial etc.).

Podemos utilizar lâmpadas dicróicas, que têm o vidro na frente do pequeno refletor, na abertura de foco que melhor destacar. Isso dependerá do tamanho do objeto e da distância entre a luminária/lâmpada e o local a ser iluminado.

Área de serviço

Iluminação com alta temperatura de cor, no mínimo 4.000 K, pois é local de trabalho, onde normalmente estão instaladas as máquinas de lavar e secar, o tanque etc.

Luz perpendicular às maquinas – tipo down light – para iluminar a parte interna das máquinas. Luz clara e intensa – banho de luz mesmo – em todo o ambiente, que ficará bem iluminado de forma geral.

Como é local onde se lida com roupas, a reprodução de cores é fundamental. Logo, fluorescentes compactas e tubulares nas cores 840 ou 940 são as ideais.

Para os dois tipos de lâmpadas existem vários modelos de luminárias de embutir ou mesmo de sobrepor, funcionais para esse espaço.

Dependência de empregada

Sendo apenas um quarto, deve seguir os mesmos conceitos utilizados nos demais dormitórios da casa. A simplicidade ou sofisticação dependerá do morador e de sua idéia sobre o conforto da funcionária do lar, também conhecida como empregada doméstica.

Sala de jantar

Ambiente que muito se presta para a criatividade, pois são inúmeras as luminárias decorativas para tal ambiente. Uma coisa fica definida de imediato

Mesa de jantar deve ter iluminação que privilegie o visual dos alimentos, a mesa propriamente dita e não os rostos das pessoas. Pendente com *dowlight* é opção muito utilizada.

para todas as luminárias do local: a temperatura de cor deve ser baixa – luz aconchegante. Pode haver variação na quantidade – muita ou pouca luz, mas sempre na faixa de 3000 K.

Na maioria dos casos, a **iluminação geral** não é geral. É costume iluminar vários pontos com luz de destaque e mesmo fazer wall washer: por reflexão das paredes, o local ficará iluminado. É uma iluminação geral, sim, mas não da forma convencional. Outra forma é o uso de sancas para jogar a luz no ambiente.

Em alguns casos, pequenas refletoras junto às paredes fazem o local ficar iluminado sem que a luz seja a tradicional, jogando luz para todos os lados.

Sempre temos de considerar a dimerização – nossa grande aliada atualmente para variar o clima dos ambientes.

Podemos iluminar a **mesa de refeições** de forma tradicional com um pendente tipo cúpula jogando a luz diretamente sobre a mesa, tendo o cuidado de colocar numa altura que não ofusque os comensais e ilumine preferencialmente a mesa e os pratos.

Há quem prefira fazer uma iluminação de toda a sala com o mesmo tipo de luminária, numa iluminação chapada, na qual a mesa seria tão bem iluminada como os outros locais. São residências cujo proprietário é do tipo festa, luz e alegria. O ambiente fica menos sofisticado, mas, dependendo das luminárias e das lâmpadas a serem utilizadas, pode funcionar para determinadas salas de forma específica. Não é, todavia, o normal.

Também muito utilizadas são luminárias com halógenas, que direcionam a luz diretamente para a mesa, com lâmpadas AR 70 ou dicróicas.

Modernamente podemos iluminar inclusive com luz fluorescente, pois temos no mercado várias tonalidades de cor de luz, bem como inúmeros modelos de lâmpadas fluorescentes – tanto tubulares, como compactas – de vários formatos, bem como circulares de alta eficiência com tubos T-5, que bem se encaixam em luminárias redondas. Devemos ter o cuidado de não colocar sobre a mesa de jantar lâmpadas fluorescentes com luz que não reproduza bem as cores e/ou muito brancas. Além de não deixar um ambiente gostoso e confortável, distorcerão as cores dos alimentos, subtraindo-nos o prazer de "comer com os olhos". É muito bom ver alimentos dourados, coloridos, de aspecto saudável, coisa que só uma lâmpada com acabamento com pó tri fósforo conseguirá nos mostrar.

Se a opção for por fluorescentes de qualquer formato, deverão ser sempre em cores mais mornas e com bom IRC, como, por exemplo, na cor 827 ou 830, que, tem reprodução de cores acima de 80 e aparência de cor de luz na faixa de 2700 a 3000 K.

Com o advento dos LEDs e das lâmpadas fluorescentes de bitola fina, como T-5 de 16 mm ou T-2 de apenas 7 mm, podemos ser ousados, escolhendo uma iluminação em trilhos no formato da mesa – retangular, quadrado ou redondo. Esses trilhos fariam o papel de luminárias delgadas que jogariam a luz em cima da mesa, podendo ser apenas no perímetro dela ou mesmo em formas decorativas. Isso não é nada tradicional, apenas me ocorreu neste momento, para mostrar que, com criatividade, não há limites para uma iluminação bela, decorativa e, no caso, criativa.

90　ILUMINAÇÃO - Simplificando o projeto

Web Space em local próprio ou no dormitório pode ter iluminação direta na área de trabalho, com luminária de mesa, dispensando a iluminação geral do ambiente.

Retomando o tema central da iluminação da mesa de jantar, reafirmamos que o principal, o fundamental é a iluminação dos alimentos (dos pratos), e não das pessoas em volta da mesa. É necessário evitar com zelo extremo o ofuscamento, que incomoda e irrita. Se há um momento que exige tranqüilidade é a hora da refeição. Ela é importante até para que a digestão comece bem – em alto astral.

Com uma boa iluminação a comida ficará mais bonita e gostosa e certamente será mais bem aproveitada pelo organismo.

Escritório ou web space

Nesse espaço, a iluminação obedecerá aos mesmos critérios de um escritório convencional, que veremos mais adiante, quando falarmos de iluminação comercial. Como estamos falando de ambientes residenciais, mesmo que seja uma pequena ilha de trabalho, devemos ter cuidado e bom gosto para iluminar com funcionalidade e beleza.

Para tanto, a escolha das luminárias é fator preponderante. Em vez de colocar uma luminária para fluorescentes T-8 ou T-10, por exemplo, podemos instalar belos e anatômicos aparelhos de iluminação com lâmpadas T-5, mais finas. Assim, ficarão menos expostas, fazendo nosso velho e conhecido efeito de aparecer a luz – e não o conjunto de lâmpada-luminária. Também é possível substituir luminárias para duas lâmpadas de 16 ou 18 w – bulbo T-8 – pelas de 14 w – bulbo T-5, o que resultará em melhor resultado estético.

Outra modificação interessante é o uso de luminárias menores, com fluorescentes compactas. No caso anterior, colocando luminárias duplas com fluorescentes compactas de 18W, ou até melhorando a iluminação numa área menor, com duas compactas de 26W.

Importante que sejam sempre na cor 840, ou seja, 4.000K, que é a temperatura de cor ideal para escritórios onde são realizados trabalhos normais, do cotidiano.

Luminárias devem contar sempre com controle de ofuscamento, preferencialmente com aletas parabólicas que desviando a luz num ângulo de 45 graus, limitam em muito o ofuscamento e a reflexão nas telas dos computadores. A idéia é iluminar os documentos e a mesa de trabalho com muita luz, sem que ela se dirija para o computador, que causaria desconforto pela reflexão dificultando a leitura da tela.

Dormitórios

É local que mais se pode iluminar com beleza e criatividade, utilizando desde as tradicionais lâmpadas incandescentes até os moderníssimos LEDs. Sempre que possível, é desejável dimerizar o sistema, para tornar o ambiente mais aconchegante (quando se quer assistir a TV ou mesmo criar um clima romântico para o casal) ou aumentar a intensidade de luz, tornado-a funcional quando houver necessidade de conferir o visual de uma roupa ou fazer a maquilagem.

A iluminação do quarto deve ser setorizada, com uma iluminação ge-

Dormitório com luz em boa temperatura de cor que privilegia o relaxamento e com uso de iluminação indireta e confortável. Aconchego é o que se busca através da iluminação.

ral, preferencialmente dimerizável, que pode vir de uma luminária centralizada ou por meio de sancas.

    Uma iluminação bastante usada para leitura ainda é a tradicional luz de abajur – nossas conhecidas lâmpadas de cabeceira. Também podemos colocar no teto – normalmente de gesso – um embutido direcionável com uma lâmpada do tipo AR70, com foco em ângulo fechado – de 8 graus ou menos – que iluminará apenas o objeto desejado, seja livro, revista ou jornal. A vantagem é que iluminará diretamente o objeto, não jogando luz para o lado, incomodando o parceiro, esposa/esposo ou namorado/namorada. Assim, cada um terá iluminação específica de leitura, sem que o outro necessite usar os anacrônicos tapa-olhos, que fazem a pessoa ficar parecendo o Zorro.

    Iluminar as laterais da cama com LEDs é uma pequena e bela "extravagância" que valorizará o ambiente.

Projetos: personalidades próprias 93

Antigamente, a falta de iluminação específica nos armários e closets nos forçava a tirar as roupas do lugar para que pudéssemos identificá-las melhor.

Hoje podemos iluminar adequadamente a parte interna dos armários, com luz de boa reprodução de cores e ainda colocarmos chaves do tipo porta de geladeira, isto é, a luz acende ao abrir a porta e apaga quando é fechada. Luz funcional e econômica. Como a luz do armário ou closet ficará acesa por pouco tempo, podemos utilizar lâmpadas de filamento, que se prestam muito bem para esse liga-desliga/acende-apaga: lâmpadas halógenas, como dicróicas, halopar, halopin entre outras e até mesmo incandescentes leitosas, decorativas de pequeno tamanho.

Em closets onde a luz permaneça mais tempo ligada, privilegiam-se fluorescentes com boa reprodução de cores.

Iluminação interna direta nos armários ou closets é ponto obrigatório nos modernos dormitórios. Uso de fluorescentes de boa reprodução de cores é uma ótima opção pela baixa emissão de calor.

Parece muito repetitivo estar reiteradamente falando em boa reprodução de cores, pois a rigor as modernas lâmpadas em sua grande maioria têm essa característica. Mas, é que para nossa tristeza existem inúmeras lâmpadas, normalmente de origem asiática, bem mais baratas e pintadas com pó fluorescente comum, que iluminam menos e têm péssima reprodução de cores, a exemplo das antigas fluorescentes comuns de bulbo T-12 ou até mesmo T-10.

Para o caso de no dormitório existir alguma escrivaninha para trabalhos em computadores ou algo assim, devemos iluminar com luz direcionada para a mesa de trabalho em foco que se distribua apenas sobre ela, para não incomodar quem eventualmente esteja na cama dormindo ou assistindo a TV. Luminárias de mesa ou mesmo uma AR 70 vindo do teto pode solucionar a iluminação desse espaço.

Banheiros

Os banheiros, seja da suíte, o social e até mesmo o lavabo, têm características próprias de iluminação, na qual o grande desafio é o espelho.

Devemos, como em outras dependências da residência, instalar uma **iluminação geral**, que nesse caso deve ser farta e centralizada. Um embutido com duas fluorescentes compactas de 26W cor 840 normalmente é suficiente para banheiros de tamanho normal – por volta de 6 m^2. Para áreas maiores, calcula-se a quantidade de luminárias-lâmpadas pela fórmula da iluminação geral, já explicada. Usar luz abundante e difusa e sempre luminárias com vidro.

No **box do chuveiro**, uma ou duas halopar 20 de 50W é uma solução simples e adequada, pois, sendo de vidro duro, não sofrem efeitos da umidade – normal no local. A **banheira** deve seguir o mesmo padrão. Evita-se usar lâmpadas refletoras sem vidro de proteção, como Halospot AR 70 ou AR 111, pois o alumínio oxidará em seguida pelo efeito do vapor da água, perdendo luminosidade.

Para os que gostam de ler enquanto usam o vaso sanitário, podemos colocar uma refletora direcionada para frente do vaso, permitindo uma leitura com melhor luminosidade, pois direcionada. Pode ser uma dicróica com ângulo fechado ou uma lâmpada Par 20. Sim, é uma solução meio inusitada, mas em iluminação ousar e criar é preciso.

O **espelho** deve ter nosso cuidado especialíssimo, pois tendo grande potencial de reflexão, tudo que nele tocar, será refletido de forma quase que total. Essa característica fará com que a luz seja refletida de forma abundante no ambiente. No caso de uma luz brilhante, provocará muito ofuscamento.

Por isso, devemos escolher lâmpadas e luminárias com luz difusa para reduzir esse ofuscamento, que atrapalhará quem estiver utilizando o espelho.

Luz fluorescente saindo de trás do espelho, propicia uma iluminação suave e sem sombreamento no rosto das pessoas. A pouca emissão de calor da fluorescente é ótima para não complicar na hora de aplicar maquiagem.

A luz indicada deve vir preferencialmente das laterais, para evitar o efeito de sombreamento no rosto. O rosto humano tem saliências e reentrâncias e, se a luz vier de cima – em dow light – esse efeito de sombras será potencializado, especialmente na área dos olhos, fazendo que, por exemplo, a mulher coloque a maquilagem no local e tenha a impressão de que não está conseguindo tirar suas olheiras. Com a luz lateral, esse efeito é eliminado. A preferência deve ser por luz fluorescente – sempre com boa reprodução de cores, porque é luz fria e, como sabemos, o calor é inimigo dos produtos de beleza. Com luz quente de halógenas e incandescentes, o calor fará o rosto suar, dificultando a aplicação dos produtos de beleza. Uma boa dica é usar fluorescentes de grande luminosidade, como as T-5 de 28 ou 54 w atrás do espelho, no perímetro mesmo, fazendo com que a luz saia de trás do espelho, reflita na parede e venha de forma suave para o rosto e para o corpo das pessoas.

Claro que, em todos os casos, se houver possibilidade de instalar as lâmpadas ao redor de todo o espelho, essa solução ficará ainda melhor do que apenas na lateral, o que já é uma ótima opção.

Lembramos que antigamente a iluminação indicada era no estilo camarim, com uma seqüência de incandescentes do tipo bolinha ao redor de todo espelho. Isso era uma solução boa para a época e o inconveniente era o calor gerado por essas lâmpadas de filamento. Nos casos em que eram instaladas lâmpadas claras – transparentes – o ofuscamento aparecia de forma direta. Isso hoje pode ser feito com fluorescentes de última geração, atenuando o ofuscamento e evitando o desconforto térmico.

A colocação de dicróicas apenas na parte de cima do espelho é um grande erro encontrado seguidamente. Neste caso, a luz desce sobre a pessoa e muitas vezes –

conforme a colocação – também sobre o espelho, causando duplo desconforto e uma profusão de reflexos, praticamente impedindo a pessoa de olhar-se com clareza. A isso se soma o efeito de sombras no rosto e estará feita a confusão. Refletoras são indesejáveis para iluminar áreas de espelhos.

Quando falarmos sobre iluminação comercial, mais precisamente sobre lojas, esse assunto voltará a ser abordado em relação aos provadores. Por ora; é importante frisar sobre a iluminação de espelhos:

- Luz difusa e preferencialmente das laterais
- Ótima reprodução de cores
- Luz fria em relação à emissão de calor.

Sala de estar – living

Na sala de estar a **iluminação geral** pode até ser dispensada. A iluminação feita com luz indireta oferecerá maior conforto, graças à farta utilização de pedestais e abajures. Uma vantagem é que dentro das pantalhas podemos colocar lâmpadas fluorescentes compactas, que não são decorativas, mas desaparecem dentro desse tipo de luminária, ficando uma iluminação suave, aconchegante e econômica.

No caso de a sala ser também utilizada para **assistir a TV** e como estar íntimo, é preciso cuidado para que a iluminação seja adequada. Torna-se necessária uma luz suave, difusa nas laterais da TV, para um bom aproveitamento da imagem, sem necessidade de se apagar todas as luzes. Sabemos dos prejuízos causados pela luz da TV diretamente nos olhos, especialmente em telas com tubos de imagem nos quais há uma grande radiação de raios luminosos nocivos à visão. A luz dessa sala deve ser dimerizada, para que se alcance o nível correto de luminosidade entre a luz da TV e a luz ambiente.

Iluminação por **sancas** é cada vez mais utilizada por dar uma **luz indireta** importante, que valoriza o ambiente. Conforme a lâmpada que colocarmos na sanca, podemos fazer a variação de luminosidade chegar até aos níveis de ambiente de festas e reduzi-la até baixas iluminâncias que geram conforto e aconchego. Podemos ainda variar a cor da luz com a utilização do Sistema RGB, com ou sem o uso do Sistema DALI, ou seja, troca de

Sala de estar – living – deve abusar de iluminação indireta e baixa temperatura de cor. Halógenas – 3000K – e fluorescentes compactas tipo 827 – 2700 K, são bem vindas.

cores simples – manual – ou sofisticada e automática – DALI.

Outra forma de **iluminação indireta** é a o que chamamos de wall washer, ou banho de luz, com a luz saindo de uma luminária diretamente para a parede e a parede fazendo a iluminação por reflexão. Nesse caso, mesmo lâmpadas halógenas, normalmente ofuscantes, serão jogadas no ambiente com suavidade e na cor que a parede lhes der.

Séries de refletoras embutidas no teto – podem ser dicróicas, par ou halopin – são muito usadas atualmente, jogando luz para o ambiente de forma mais ou menos pontual. É necessário atenção para colocar as luminárias perto das paredes, onde não haja circulação de pessoas, pois a luz de refletoras incomoda quem está embaixo delas.

A dimerização dessas lâmpadas ajuda sobremaneira, pois podemos dimensionar a quantidade de luz desejada e setorizar a iluminação, tanto para economizar energia como, principalmente, para o conforto dos usuários. O bom é que nesse caso, tratando-se de lâmpadas de filamento, o custo da dimerização é bastante baixo.

A iluminação de quadros e objetos de arte normalmente dispostos no living, auxilia na iluminação do ambiente de forma indireta. Entre os objetos, podemos incluir, além de quadros, estatuetas, vasos decorativos, colunas, mesas auxiliares laterais ou mesas de centro.

Nesta altura, com tantas alternativas para iluminar uma sala de estar, o leitor deve ter concluído o óbvio: é possível dispensar a iluminação geral, sem prejudicar a quantidade de luz do ambiente.

Isso vale para qualquer outro ambiente em que se pode utilizar luz indireta, pois o mais indicado para criar ambiente de relaxamento e aconchego sempre será luz indireta.

Qualquer outro ambiente de uma residência seguirá mais ou menos o indicado neste capítulo, ou seja, luz suave indireta para locais de aconchego e luz vibrante e direta para locais de trabalho.

O salão festas de uma casa ou de um condomínio, por exemplo, poderá ter vários tipos de iluminação, para que seja adequado ao tipo de festa.

A dinamicidade permitida pelas modernas técnicas de iluminar e pelas lâmpadas/luminárias é que torna cada vez mais a luz um tema cativante, não havendo, como podemos perceber, limites para a criatividade.

Destacar objetos de arte ou decorativos é um bom complemento de luz para os ambientes, especialmente living – sala de estar.

Escritórios modernos exigem luminárias com aletas parabólicas e luz abundante que incentive a produtividade. Fluorescentes T-8 ainda são muito utilizadas, mas as T-5 começam a avançar rapidamente.

ILUMINAÇÃO COMERCIAL

Neste capítulo, analisaremos vários ambientes comerciais e as melhores soluções para iluminá-los. O conceito geral, porém, é muito parecido com os já utilizados até aqui. O que muda são os tipos de lâmpadas e luminárias e o cálculo luminotécnico entra com mais força, pois sendo locais de produtividade e profusão de luzes, a diferença entre colocarmos mais ou menos luminárias/lâmpadas, influenciará inclusive o resultado financeiro da empresa.

Escritórios

O básico na iluminação de um escritório é a iluminação das mesas de trabalho, ficando em segundo plano as áreas de circulação.

Fluorescentes sempre predominaram na iluminação desses locais, o que mudou foi apenas a facilidade na utilização de recursos mais modernos e muito especialmente de lâmpadas mais eficazes.

Até alguns anos, usavam-se fluorescentes tubulares de 20 ou 40 w e em áreas com pé-direito mais alto, fluorescentes HO de 110 w. As luminárias, do tipo calha, serviam mais como um suporte para instalar as lâmpadas, não havendo nenhuma preocupação com a geometria ou com o direcionamento da luz para o ambiente. A luz se espalhava para todos os lados, inclusive para o teto, resultando em grande desperdício de luz e energia elétrica, agravado pelo fato de as lâmpadas serem pintadas com pó standard, que proporcionava uma luz branca e com péssima reprodução de cores – abaixo de 70.

Chama a atenção de que muitos locais ainda utilizam esse tipo de lâmpada que causa a distorção das cores e faz as pessoas parecerem doentes – por excesso de palidez – e os ambientes ficarem acinzentados, mortos mesmo.

Com o advento do pó trifósforo, as fluorescentes ganharam em eficiência luminosa e reprodução de cores, fazendo a diferença na iluminação dos escritórios modernos – atuais.

Devemos primeiramente escolher as lâmpadas pelo conceito de eficiência em relação ao pé-direito, conforme relatamos, ou seja, para cada altura um tipo de lâmpada. Pode ser fluorescentes T-8 de 16 – 32 w ou 18-36 w e para as maiores alturas, dentro do tradicional, HO 110 w, todas na cor 840. Solução moderna para as mesmas lâmpadas são T-5 de 14 ou 28 w, a que se somam novas alternativas como a T-5 de 54 e 80 w para maiores alturas.

Caso haja opção por luminárias menores, já dispomos de fluorescentes compactas convencionais, com reatores separados – mais eficazes – de 18 até 70 w. Em breve chegará ao Brasil um tipo de compacta de 120 w, ou seja, cada dia mais se firma a tendência de reduzir o tamanho das lâmpadas e das luminárias.

Para todos esses tipos de lâmpadas, devemos usar luminárias com aletas parabólicas, que reduzem o ofuscamento e fazem uma luz confortável para o trabalho. A temperatura de cor ideal é 4.000 K, mas quando se tratar de regimes intensos de trabalho, que exigem muita atenção e nos quais não pode ser provocada sonolência, temos no mercado o tipo T-5 de 8.000K, chamado pelo nome comercial de Sky White, pois – como já vimos – nesta temperatura de cor de luz a produção da melatonina cai drasticamente, evitando o sono.

Esse tipo é para caso muito específico, mantendo-se 4.000K como o ideal para escritórios.

Existem luminárias de vários modelos, com iluminação tipo caverna, com luz para baixo; outras iluminam para cima e para baixo, mas o que não pode faltar em nenhum dos casos são as aletas, que reduzem drasticamente o ofuscamento, danoso para quem trabalha especialmente com computadores.

LOJAS DE MODA GERAL

São locais em que o foco não chega a ser um segmento específico, mas moda de forma geral e genérica, com grande circulação de pessoas.

A venda é realizada de forma massificada, logo, a luz deve privilegiar a iluminação geral e forte – iluminação chapada, sem contrastes. A pessoa entra, compra o que quer e sai com a mesma velocidade que entrou e comprou. Chegamos a exagerar em dizer que nesse tipo de loja qualquer luz é luz, porém, com o advento de novas técnicas e produtos de iluminação, inclusive aqui as lâmpadas usadas já são de última geração, proporcionando boa reprodução de cores, mantendo o conceito de iluminação geral e chapada. Em vez de lâmpadas fluorescentes tradicionais, começa-se a usar fluorescentes T-8 e T-5 com reatores de alta performance com THD menor que 10, porque isso traz alguns benefícios, como a redução do consumo energético, e faz um ambiente que, embora não sendo de retenção do cliente na loja, motiva-o a voltar outras vezes. Sabemos que numa loja o melhor vendedor será sempre a iluminação. Ela motiva o cliente a comprar e, especialmente voltar ao local por ter se sentido bem durante as compras.

Como essas lojas têm, em alguns casos, tetos com grandes alturas, devemos utilizar:

- HO 110 w – cor 840
- T-5 54 ou 80 w – cor 840
- Florescentes compactas tipos L ou F de 55 w – 840

Projetos: personalidades próprias

- Fluorescentes compactas T/E de 57 e 70 w ou 120 w
- Metálica tipo HQI ovóide 70 a 250 w
- Metálicas HCI 70 a 150 w
- HCI-PAR ou CDM-R de 35 a 70W

Metálicas tipo HQI-TS com base bilateral foram utilizadas por algum tempo, mas não considero interessante, pois são mais indicadas para iluminação de destaque em refletores retangulares. Devemos ter cuidado mesmo com refletores cilíndricos, pois há grande difusão de luz clara e ofuscante, apenas com indicação para alturas elevadas e sempre com vidro de proteção antiofuscante, fosco, normalmente.

Quando a opção for iluminar com refletoras, as

Lojas de grande movimentação de pessoas e produtos, tem uso preferencial de iluminação chapada – homogênea – e abundante. Fluorescentes de 4000K predominam tradicionalmente nesses locais.

citadas anteriormente ou mesmo halógenas tipo halopar, haveremos de nos preocupar para não ofuscar e, respeitadas as alturas, as refletoras podem ser uma solução interessante, pois o cálculo da quantidade de lâmpadas se dará pelo dimensionamento da área abrangida pelo cone de luz apresentado no catálogo do fabricante. Nele aparecem as áreas iluminadas em relação à altura da fonte de luz, sendo, claro, inversamente proporcional à distância. Quanto mais próxima, maior intensidade luz em menor área e, contrário senso, quanto mais alta, maior a área iluminada com menor intensidade luminosa. Basta então definirmos quanto queremos de luz, considerar a altura e estará definida e quantidade de lâmpadas para iluminar aquela área. É uma consideração prática, pois num software de cálculo específico isso aparecerá de forma automática.

BOUTIQUE – LOJAS DE MARCA

Em lojas especializadas, direcionadas à população de alto poder aquisitivo, o conceito muda completamente, pois deseja-se que o possível comprador entre na loja e ali permaneça por algum tempo, para que a venda possa ser efetivada. Tratamento diferenciado, água mineral, cafezinho, chá, tudo para encantar ao cliente... Se a iluminação for inadequada, porém, nada disso adiantará, pois a luz que atrai, se mal direcionada, pode afastar o comprador. Caso exista no local luz chapada com alta temperatura de cor, que chamamos *luz de bailão*, com certeza a loja estará fadada à falência. Esse tipo de luz pode até ser utilizado em lojas populares, mas nunca nos ambientes sofisticados das lojas de produtos de altíssimo valor agregado, onde um vestido "barato" custa mais de R$ 1.000,00

Que luz é capaz de provocar emoções no cliente, retendo-o na loja e dando condições ao vendedor de demonstrar a qualidades do produto e convencer que, mesmo custando tão caro, vale a pena comprá-lo?

A luz emocional, luz pontual, indireta, com temperatura de cor adequada ao ambiente, que provoque contrastes, como jogo de luz e sombra, criando uma atmosfera, digamos, teatral e emocionante que induza o cliente à compra.

Nesses locais não se utiliza iluminação chapada de altas iluminâncias, mas uma iluminação geral basal, que permite destacar os produtos com luz

Projetos: personalidades próprias **105**

direta mais intensa e que provoca os efeitos desejados. Isso se alcança com temperatura de cor mais baixa, na faixa de 3000K e em alguns casos até 2700K.

Devemos considerar básicos alguns locais para iluminar uma loja. Vejamos a seguir.

Vitrine

O visual da vitrine atrairá os clientes para entrarem na loja, por isso deve ser o cartão de visita, com iluminação que se destaque da loja de seus vizinhos, especialmente se for num Shopping Center, onde hoje se encontra a maioria das lojas. Quando os vizinhos tiverem uma iluminação com luz branca, a tendência

Lojas de moda específica – boutiques – devem ousar na iluminação para atrair e reter o cliente na loja. Luz pontual destacando produtos é uma poderosa arma de vendas.

Vitrines são cartões de visita das lojas e devem ter cuidado especial. Neste caso o uso de iluminação de destaque com lâmpadas refletoras, como AR 111, tanto halógenas, como as mais modernas e poentes metálicas, são recursos especialíssimos e atuais.

será colocarmos uma luz mais quente – amarelada – e vice-versa.

Em vitrines tradicionais usava-se iluminação chapada, usando-se eventualmente uma luz pontual e mais quente para dar contraste e profundidade. Tal conceito sempre funcionou bem. Iluminação geral da vitrine com fluorescente ou mesmo metálica tipo TS em refletores retangulares dando um banho de luz e alguma refletora Par ou AR 111 fazendo o destaque dos produtos e dos manequins. Funcionou e até continua funcionando, mas apareceram novos produtos e, com eles, novos conceitos de vitrinismo.

Podemos iluminar totalmente uma vitrine com jogo de luz e sombra, num lance realmente teatral, que produz um efeito especial de atração de quem passa na frente da loja, ficando quase impossível não olhar para a vitrine.

São utilizadas lâmpadas do tipo par metálicas de alta intensidade luminosa, bem como AR 111 metálicas, ambas refletoras com foco preciso e definido, que pro-

porciona luz de qualidade superior e que destaca os produtos de forma magistral. A vitrine fica literalmente um espetáculo.

Geral

Com o cliente já atraído, o que precisamos agora é mantê-lo na loja. Para isso faremos uma iluminação geral em intensidade e temperatura de cor que permita boa visibilidade, sem anular os demais efeitos que buscamos no total dos ambientes. Fluorescentes compactas, salvo exceções, são as mais usadas, nas potências variáveis entre 18 e 70 w, em luminárias quadradas, retangulares ou cilíndricas, sendo estas as mais usadas.

Cresce a utilização de compactas fluorescentes tipo L ou F de 24, 36 ou 55 w.

Destaque

Para destacar produtos, usamos refletoras com temperatura de cor mais alta ou intensidade luminosa maior que a iluminação geral, para o efeito de destaque ser realçado.

Sempre devemos ter o cuidado de não aproximar as lâmpadas dos produtos, pois sabemos que o calor da luz é danoso para a maioria das mercadorias de uma loja, provocando desbotamento.

É bastante comum em lojas, especialmente esportivas, a existência de painéis promocionais de marcas e produtos ali vendidos. Cuidado ao iluminar esses painéis, que normalmente têm superfície lisa. Colocando luz frontal, ela se projetará na peça e ficará reproduzida ali a imagem do filamento ou do foco da fonte de luz, o que atrapalhará a visão. Para esses casos será necessário um banho de luz em ângulo oblíquo, para a luz não ser refletida no painel.

Em algumas superfícies muito lisas e brilhosas, o recomendável é evitar a iluminação de destaque, pois o realce maior não será, neste caso, iluminar, mas deixar que a iluminação geral da loja faça o trabalho de colocar em relevo os produtos que ali estão. Muitas vezes, iluminar bem é não iluminar.

108 ILUMINAÇÃO - Simplificando o projeto

Prateleiras com iluminação interna em cada nicho, destacam os produtos e dão um toque especial, tanto em lojas como em outros ambientes. Para espaços menores podemos usar fluorescentes T-5/T-2, ou LEDs

Prateleiras

Para destacá-las, a luz deve ser colocada num ângulo que penetre o máximo possível no vão entre as duas prateleiras. Fica fácil entender que deve ser em 45 graus, para que a sombra da prateleira de cima, não atrapalhe a visão da de baixo. Dessa forma a luz penetrará até o fundo, proporcionando uma boa visão das mercadorias expostas.

A iluminação por dentro dos nichos é um recurso muito utilizado atualmente. O resultado é uma iluminação de grande destaque e direta, prateleira por prateleira. Tal iluminação poderá ser feita também por retroiluminação, ou seja, com a luz vindo de trás dos produtos, originando efeito muito interessante.

Em visita a uma loja, durante uma aula prática no meu Curso de Iluminação, notamos ao fundo da loja uma prateira com venezianas, quase uma vitrine, que muito se destacava pela luminosidade. Imaginamos alguma luminária muito especial para que aquele efeito fosse conseguido. Ao nos aproximarmos, o encantamento foi maior, pois em cada marco que segurava as venezianas havia uma linha de lâmpadas fluorescentes de 32 w na cor 840. Nada mais, nenhuma luminária especial, apenas a criatividade e o bom gosto do autor do projeto, que soube utilizar de forma magistral o próprio material que fazia a vitrine-prateleira.

Crediário - Caixa

Para destacar esse precioso ambiente onde os produtos são pagos, devemos colocar uma luz com temperatura de cor diferente do restante da loja. A própria luz indicará, por destaque de diferença de cor, o local. Deve ser normalmente luz mais branca, pois é lugar que requer muita atenção e funcionários bem despertos.

Provadores

Como no banheiro o espelho é o detalhe principal, nas lojas, o provador é fundamental, pois ajudará a fazer uma boa venda ou eliminará o esforço do vendedor de fazê-la.

Utiliza-se o mesmo conceito do espelho do banheiro: luz abundante, difusa e, preferencialmente lateral. Sempre que possível, devemos instalar fluorescentes nos três lados do espelho, nas laterais e na parte superior, fazendo o efeito camarim.

Lojas começam a utilizar cada vez mais a luz de fluorescentes de alta luminosidade, como as T-5 por trás do espelho, naquele efeito que expliquei quando falamos do banheiro. A luz reflete na parede do fundo, dos lados e ainda no teto, provocando um ambiente muito bem iluminado com uma suavidade fascinante provocada pela difusão da luz. Nesse caso, eliminamos o maior problema, que é a reflexão da luz no espelho. Esse efeito problemático de ofuscamento simplesmente desaparece com a iluminação indireta.

Por favor, parem de usar a forma tradicionalmente errada de colocar apenas uma lâmpada na parte superior do espelho do provador e – o que é pior – uma refletora, que causará todos os problemas que abordamos no item espelho.

Cuidado com a reprodução da cor da luz, para que a roupa comprada pelo cliente tenha a mesma cor que ele viu na vitrine ou prateleira. Há repetidos casos em que o provador tem um tipo de luz que reproduz mal as cores e, ao chegar à sua casa, o cliente viu uma roupa de cor diferente da que provara e voltou na loja para trocar. Lá descobriu que a má iluminação do provador provocara toda a confusão.

Reprodução de cores é conceito básico nos dias de hoje na iluminação. Visto que temos todas as alternativas para instalar uma luz que seja excelente nesse sentido, não há razão para abrirmos mão disso. Só um descuido ou mesmo uma tentativa de poupar alguns trocados na hora de comprar a lâmpada é que pode provocar a instalação de lâmpadas com má reprodução de cores, já que são muito poucas e bem conhecidas.

BANCOS

Para iluminar agências bancárias, devemos seguir os padrões utilizados para escritórios, tendo cuidado com alguns locais específicos. O fato de esses lugares serem freqüentados por cada vez menor número de pessoas não nos faz modificar esse conceito.

Como nos escritórios, recomenda-se a utilização de luminárias com aletas parabólicas, para reduzir o ofuscamento, e lâmpadas fluorescentes de última geração, como as tubulares T-5 e compactas de várias potências, mas especialmente de 32W até 57W.

Recepção

Sendo um cartão de visitas, deve ter uma iluminação de destaque no balcão, com lâmpadas refletoras que façam uma espécie de cortina de luz e que demonstrem a beleza e a pujança daquele estabelecimento.

Auto-atendimento

Nesses locais em que as pessoas ficam por pouco tempo a iluminação deve ser nos moldes de um escritório, muito clara e sem ofuscamentos, pois ali há necessidade de leitura de números, muitas vezes diminutos. Além disso, há freqüentadores idosos, que têm menos acuidade visual. Como nos escritórios, cor 840 (ou super 84) é a mai indicada.

Gerência

Na gerência, espaço de atendimento especial, é possível sofisticar um pouco, instalando algum pen-

Bancos tem área de recepção para clientes VIPs que se assemelham a sala de estar. Os poucos clientes que ainda vão às agências bancárias, merecem iluminação especial, confortável.

112 ILUMINAÇÃO - Simplificando o projeto

Salas de gerências bancárias são exemplos de boa iluminação. Neste caso foi usada luminária T-5 que joga a luz para cima e para baixo, com aletas que reduzem o ofuscamento.

dente em cima de uma mesinha auxiliar, usando uma iluminação de destaque na parede ou qualquer coisa que a criatividade induza, para mostrar ao cliente que ele está sendo recebido de forma especial, num ambiente especial.

Sala de reuniões

É importante uma iluminação dinâmica, com utilização de sistema DALI, que possibilita variação de luminosidade, criando ambientes que possam servir tanto para reuniões como para apresentação em projetores multimídia.

SUPERMERCADOS

Nesses modernos palácios de consumo, a iluminação passou a ser decisiva, pois dificilmente há local mais freqüentado do que um supermercado. Logo, se errarmos ao iluminar, faremos com que essa loja perca vendas e até quebre – o que nunca pode ser descartado, se levarmos em conta a velocidade e o preparo dos concorrentes.

Na década de 1990 apareceu no Brasil um modismo importado dos Estados Unidos, em que as grandes lojas – incluindo supermercados – passaram a ser iluminadas com refletores prismáticos de policarbonato e, dentro deles, como fonte de luz, uma lâmpada metálica ovóide, transparente de 250 ou 400 w. A luz emitida por essa lâmpada era espalhada para todos os lados, numa profusão de ofuscamentos e reflexões que causava aos freqüentadores das lojas uma sensação ruim, espantando-os do ambiente.

Esse problema pode ser reduzido com a utilização de lâmpadas sílicas-leitosas em vez de claras, mas ainda está longe de ser uma boa solução. Praticamente nenhuma loja de expressão, especialmente supermercados, utiliza ainda esse tipo de luminária. Soluções melhores e mais modernas foram se impondo, nessa busca incessante de qualificar os locais por meio da boa iluminação.

Iluminação geral

Para lojas com pé-direito alto, acima de 4 metros – que são a maioria –, o mais utilizado atualmente são fluorescentes T-5 de 80W ou mesmo de 54W.

Onde a capacidade de investimento inicial do supermercadista não é grande ou é do tipo que pensa que poupar é gastar menos no início, ainda há a alternativa de utilização de fluorescentes HO de 110 w, na cor 840.

Claro que as T-5 darão uma resposta maior a médio e longo prazo, pois além de maior rendimento e maior luminosidade trazem uma maior economia – duram mais do que o dobro das HO ou das fluorescentes de um modo geral.

Economia, beleza e funcionalidade para iluminação de grandes ambientes são virtudes oferecidas por essas notáveis fluorescentes tubulares T-5.

Nos locais da loja onde a altura do teto é menor, podemos utilizar as mesmas lâmpadas em potências menores, como a T-5 de 28 w ou, alternativamente mais barata na instalação inicial, as T-8 de 32w.

Gôndolas

O que até um tempo atrás era uma novidade e um diferencial, passou a ser padrão: a iluminação das gôndolas de forma direta, com fluorescentes numa temperatura de cor diferente ou não do restante da loja.

A lâmpada é colocada no topo da gôndola numa luminária assimétrica e dá um banho de luz de cima para baixo, destacando os produtos expostos.

Usam-se normalmente fluorescentes T-8 de 4000 ou 5.000 K, mas nem precisamos relatar que utilizando lâmpadas T-5, o resultado seria muito melhor, é bem provável que alguns supermercados de ponta já as estejam utilizando quando este livro estiver em suas mãos, pois temos de entender que entre o autor escrever e o livro ser publicado demandam sempre alguns meses. Meses são "séculos" quando se trata de inovação neste fantástico tema que é a iluminação.

Ilha de frutas e verduras

É um local a ser muito destacado. A iluminação deve ser feita com lâmpadas de grande luminosidade e ótima reprodução de cores. Nesta altura do livro, o leitor já deve adivinhar que essas características são natas das metálicas de tubo cerâmico, conhecidas como HCI ou CMD. Deve-se optar por refletoras que simplificam a instalação e melhor destacam os produtos, os tipos são HCI-Par ou CMD-R, escolhendo-se uma temperatura de cor por volta de 3.000K para realçar as cores nos tons avermelhados, deixando o ambiente realmente atraente.

No caso de não utilizar refletoras, as luminárias devem ser do tipo refletor com focos bem precisos, pois destacar é necessário e importante nesses casos.

Açougue e balcão de frios

Luz fluorescente, com temperatura de cor na faixa de 3.000K ou no máximo 4.000K, para destacar as cores, que nesse caso são predominantemente vermelhas,

Existem fluorescentes de cores especiais, que fazem quase uma maquilagem de luz nos produtos. O problema de instalação desses tipos é que quando o cliente chega ao caixa, onde há outra tonalidade de cor de luz, os produtos apresentam outra cor e podem ser deixados no check-out, como se estivessem estragados.

Recomendo que sejam utilizadas lâmpadas com ótima reprodução de cores, como as da linha 900, que pode ser 930 ou 940, nas quais o índice de reprodução de cores fica acima de 90 e os produtos apresentarão suas cores realmente naturais, evitando sobressaltos na hora de pagar.

Padaria e confeitaria

Para iluminar os pães tipo francês ou italiano, podem ser utilizadas halógenas com tonalidade de cor na faixa de 3.000 / 3.100 K que causam boa impressão na exposição de produtos. Mas onde houver confeitos que temem o calor fluorescentes de 3.000 K, tipo 830 ou Super 83 são a melhor pedida, pois têm pouca irradiação de calor.

RESTAURANTES

Existem vários tipos de restaurantes e, conseqüentemente, usaremos vários tipos de iluminação.

Restaurantes – lancherias

Onde são servido lanches rápidos, os chamados fast-food. A preocupação é com uma boa iluminação com temperatura de cor mais alta – luz

Criatividade e indução ao conforto é o que deve predominar em restaurantes sofisticados. Pendentes com luz difusa dão um toque especial neste caso em que o resultado é um misto de originalidade e beleza.

branca –, para que o cliente fique pouco tempo e dê lugar aos outros. Nesses casos não há preocupação em reter o cliente no ambiente, pois o faturamento se dá pela rotatividade da clientela, conforme vimos no *Luz,, Lâmpadas e Iluminação* quando tratei dos ambientes em relação à tonalidade da luz.

Aqui, o predomínio é das fluorescentes tubulares e compactas na cor 840.

Grandes **churrascarias populares** também costumam usar esse tipo de iluminação

Restaurante da moda

Já que são servidas refeições mais caras e vinhos de qualidade, devemos colocar uma temperatura de cor mais baixa, luz morna, aconchegante, que conseguimos com fluorescentes compactas de 2700K, complementando com halógenas de vários tipos.

Em muitos casos já se opta por iluminar apenas com halógenas refletoras, dispensando a iluminação geral e fazendo, a exemplo de livings residenciais, apenas iluminação pontual e indireta.

Também é recomendável o banho de luz nas paredes e a iluminação de cada mesa com refletoras, que causam o efeito mágico de aparecer a luz, não a lâmpada.

Há casos em que a iluminação das mesas já é suficiente. Temos de ter, por outro lado, o cuidado de que as lâmpadas fiquem sempre iluminando apenas as mesas, pois quando uma refletora, seja dicróica ou AR 70 ou 111, projeta sua luz sobre a cabeça de uma pessoa, afirmo com segurança que é das coisas mais desagradáveis que existem em iluminação. É como se tivéssemos um peso sobre a cabeça.

Caso as mesas não sejam fixas, é importante recomendar às pessoas que limpam o ambiente que retornem as mesas sempre aos lugares originais. Como normalmente não há essa recomendação, todo o projeto luminotécnico fica prejudicado pela simples limpeza do salão, sobre a qual já falamos neste livro.

Pendentes com luz suave sobre cada mesa é uma alternativa elegante, desde que se tenha o cuidado de que fique numa altura tal que ilumine apenas a mesa e não os rostos das pessoas, pois isso provoca o indesejável ofuscamento, do qual tanto fugimos quando se fala de iluminação.

Churrascarias mais sofisticadas, que atualmente proliferam no Brasil e no mundo, passaram a utilizar essa técnica mais refinada de iluminar, pois há a vontade de reter o cliente e fazê-lo voltar, apesar do preço dos pratos ou do rodízio de carnes.

Nota-se que quanto mais sofisticado e caro for o restaurante, melhor e mais refinada será a iluminação, de temperatura de cor mais baixa, com utilização de técnicas de dramaticidade, jogo de luz e sombra, baixa temperatura de cor e, já em muitos casos, troca de cores no ambiente com utilização de sistemas automáticos, analógicos ou digitais tipo DALI. Usam-se inclusive LEDs RGB com troca de cores. Inicialmente utilizados em casas noturnas, hoje têm livre acesso em bares e restaurantes, onde iluminam inclusive de forma direta os tampos de vidros das mesas e os balcões. A troca de cores no sistema RGB é ajustada para criar um ambiente para cada momento e também em trocas seqüenciais.

Evidentemente que podemos usar LEDs ou fluorescentes T-5 coloridas para o mesmo efeito com a utilização do DALI.

Casas noturnas – boates

Locais em que apesar de serem usadas técnicas extremamente modernas, como jogo de luzes (moving lights, RGB e LEDs), o que mais chama a atenção é que a luz nesses locais tem a capacidade de modificar totalmente o ambiente.

Experimente entrar numa dessas casas da moda durante o dia.

Contarei uma pequena história sobre isso:

Quando eu era diretor social de um clube em Porto Alegre – O Clube Comercial Sarandi – resolvemos fazer um jantar Only for Man. Decidimos ousar e colocar um show de strip-tease. Estávamos então no início da década de 1980, antes da distensão política, em plena ditadura militar.

As garotas que fariam o show eram da mais célebre boate de Porto Alegre, Gruta Azul, que imitava em sua entrada a famosa gruta homônima da Itália. Fomos à noite para contratar a equipe de trabalho e ficamos maravilhados com o ambiente, com luzes multicoloridas, decoração imitando uma gruta mesmo, com cascata de água e tudo mais – era de deixar qualquer um boquiaberto e atraía milhares de turistas do Brasil e do mundo.

Um dia antes da festa fizemos um ensaio, pois a pretensão era de que fosse realmente um show e não apenas mulheres tirando a roupa. Fomos buscar as garotas na parte da tarde e entrarmos durante o dia naquele ambiente que à noite era espetacular. Foi uma decepção. Parecia alguma casa abandonada, sem o menor glamour, feia mesmo, nem de longe era aquela maravilha da noite. A luz era responsável por 80% da decoração daquela então majestosa casa noturna – o show era a luz.

Naquele exato momento descobri a importância da luz num ambiente e comecei e me interessar pelo assunto, que acabou me transformando em palestrante com mais de mil apresentações sobre o tema, especialista que ministra aulas em várias faculdades com cursos intensivos de finais de semana – nos dias de semana preciso trabalhar e trabalho muito para a OSRAM do Brasil – Lâmpadas Elétricas Ltda, na qual sou Gerente Regional. Tornei-me também escritor e autor de um livro que é referência no mercado de iluminação brasileiro: *Luz, lâmpadas e iluminação* e agora escrevo este com a pretensão de que agrade a todos que já leram o livro anterior, pois o complementa em vários assuntos e detalhes.

- Lâmpadas halógenas – várias – as mais usadas nesses ambientes.
- Uso de LEDs.
- Fluorescentes compactas de baixa temperatura de cor.

OUTROS TIPOS DE COMÉRCIO

Para todos os demais tipos de comércio, seja uma simples sala de recepção médica ou um escritório de representações, o conceito sempre será o mesmo, variando apenas a escolha de luminárias e lâmpadas, para deixar o ambiente com a identidade do usuário.

Ao iluminarmos uma sala de exames médicos delicados, devemos privilegiar uma atmosfera de conforto e relaxamento, para reduzir a tensão do paciente.

O mesmo vale para consultórios de dentistas, pois havendo uma luz de aconchego e relaxamento, o trabalho fluirá mais tranquilamente. Para iluminar a área de trabalho – a boca do paciente – o dentista tem uma iluminação potente e específica, que ilumina com destaque a cavidade bucal sem ofuscar o cliente. No refletor do dentista normalmente é utilizada lâmpada halógena de alta luminosidade, mas já aparecem refletores com lâmpadas de descarga com xenon, que potencializa sobremaneira o fluxo luminoso.

ILUMINAÇÃO HOSPITALAR

Eis aí um espaço que levou muito tempo para sair do tradicional – e errado – conceito de iluminação.

Pense num hospital que você tenha visitado há 20 anos ou até menos e lembrar-se-á de paredes de cor cinza ou acinzentadas, iluminação com fluorescentes comuns com péssima reprodução de cores, deixando para quem visitasse um paciente uma impressão horrível, ou seja, uma verdadeira representação de doença.

A iluminação, ajudada pela pintura das paredes, potencializava o ambiente doentio que um hospital representava.

Podemos dizer que o paciente internado sentia-se muito pior do que realmente estava, pois além da doença física que o acometera e causara sua internação, advinha uma terrível sensação de que também era vítima de uma doença mental ou espiritual circunstancial, induzida por aquele funesto ambiente, onde o destaque negativo era a má iluminação.

Tudo mudou e, felizmente, para melhor, como veremos no próximo parágrafo.

Recepção

Nos modernos hospitais a recepção deve se assemelhar à de um hotel, não só para que as pessoas ao chegarem procurando auxílio tenham uma boa impressão, como também para levantar seu ânimo, combalido pela doença. Mesas e balcões bem iluminados destacando-se dos demais ambientes facilitam a identificação do lugar. Placas indicativas com LEDs completam o "serviço", indicando às pessoas para onde devem se dirigir. Facilitação é a palavra de ordem. O ideal aqui é uma iluminação geral com embutidos de fluorescentes compactas. As mesas e os balcões podem ser destacados com outro tipo de luz, como halógenas ou mesmo fluorescentes de outra temperatura de cor ou com maior quantidade de luz.

Sala de espera

Tanto num hospital como em consultórios, as salas de espera devem ser acolhedoras e claras, para elevar o astral das pessoas, pois a ansiedade nesses lugares é algo que chega aos limites do ser humano. Por isso, a luz deve ser vibrante e reconfortante ao mesmo tempo, com temperatura de cor na faixa entre 3.000 e 4000K, no máximo. Sugerimos a utilização de embutidos com fluorescentes compactas, fluorescentes tubulares de bulbo T-8 ou, melhor ainda, T-5, sendo a potência determinada pela altura do teto, mas normalmente entre 26 e 36 w.

Reatores eletrônicos de alta performance, com THD menor que 10 são requeridos, pois num hospital não pode haver em hipótese alguma distorções na rede elétrica.

Alguma iluminação de destaque, com refletoras halógenas, em quadros nas paredes ou direcionadas para mesas auxiliares, onde normalmente há revistas, completarão o clima desse ambiente.

Quartos

Deve ser usada luz fluorescente com temperatura inferior a 4.000K, em luminárias com aletas parabólicas. Já que o paciente passa quase todo o tempo deitado, é necessário desviarmos a luz, caso contrário ele ficará sempre olhando para a iluminação no teto, que ofuscará sua visão, irritando-o e deixando-o impaciente. Uma alternativa é evitar colocar luminárias em cima dos leitos, optando por colocá-las nas laterais em relação às camas, ficando uma na cabeceira para leitura, que também facilitará o trabalho dos médicos e enfermeiros.

No restante, a iluminação deve seguir os padrões dos dormitórios residenciais, justamente para deixar o doente bem à vontade, como se estivesse em sua casa. Orientação igual para o banheiro, que normalmente existe no quarto-apartamento hospitalar. O estado de espírito é fundamental na ajuda da cura de um doente, a psicossomática ensina isso. A pessoa está cercada de médicos, enfermeiras e todo um aparato hospitalar; portanto, para o ambiente ficar mais leve, a luz é fundamental nesse contexto.

A iluminação correta ajuda, e muito, na cura.

Corredores

Aqui, o ideal são as luminárias com fluorescentes tubulares T-8 de 32 ou 36 w, melhor ainda as T-5 de 28 w, buscando colocá-las de forma a dar amplitude ao corredor. O ambiente tem de ser bem iluminado, pois a circulação é intensa e os materiais delicados. Logo, devemos estar atentos e tentar eliminar o risco de acidentes. A temperatura de cor deve ficar na faixa de 4.000K. Se colocarmos luz muito mais branca, o quarto – cuja porta é aberta várias vezes por dia e por noite – será invadido pela luz, que poderá importunar o paciente.

Sala de cirurgia

A mesa de cirurgia tem iluminação especial e própria, com lâmpadas chamadas científicas ou hospitalares, em refletores especiais, com grande poder de iluminação, excelente reprodução de cores, sem aquecer demais o ambiente, por razões óbvias. O restante do local necessita de iluminação compatível. Tudo ali deve ser muito bem resolvido em termos de luz, pois aparelhos e instrumentos, mesmo os pequenos, devem ser bem visíveis, pois qualquer distorção de cor ou uma iluminação insuficiente pode ser a diferença entre a vida e a morte do paciente.

A iluminação geral, portanto, deve ser feita com lâmpadas fluorescentes de grande iluminação e com alta temperatura de cor. Esse é um caso em que literalmente não pode haver cochilos. Existe no mercado uma lâmpada excelente da linha T-5, já mencionada neste livro, a Sky White na cor 880, que praticamente elimina a sonolência e tem boa reprodução de cores.

Luminárias com proteção especial para eliminar riscos de ofuscamentos e também de eventual quebra das lâmpadas fluorescentes.

Salas de enfermagem

Como ambiente de trabalho, segue o padrão dos escritórios comerciais.

Tendo esses cuidados em fazer uma iluminação moderna e adequada, estaremos auxiliando os médicos, e a recuperação dos pacientes, tenho convicção, será muito mais rápida. Podemos dizer que este hospital tem luz que cura.

ILUMINAÇÃO DE HOTÉIS

Normalmente os hotéis não poupam na instalação da iluminação, pois os gestores têm consciência de que sua grande poupança deve ser na economia de energia.

Iluminar com economia e beleza é, pois, o grande objetivo quando tratamos de hotéis.

Recepção

Fazendo uma **recepção** com iluminação atraente e decorativa, com nuanças de mais ou menos luz criando contrastes, como se estivéssemos iluminado nosso living, é um bom sinal para encaminhar os hóspedes ao **balcão de atendimento** – check in – que deve ser muito claro, de forma que assim destacado possa ser visto por quem entra na porta principal. Colocar luz com temperatura de cor diferente e mais intensa é a boa conduta

Recepção de hotel deve ter luz abundante sobre o balcão de atendimento. Neste exemplo, a excelência da luz halógena destaca todo o ambiente.

e, se por qualquer motivo o profissional quiser deixar no mesmo tom de luz do restante do ambiente, deverá aumentar em 50%, no mínimo, a quantidade de luz deste balcão para realçá-lo.

Em alguns hotéis, para preencher aquela famigerada ficha de entrada, o hóspede deve ter em mãos uma lupa.

Outro motivo para que o balcão seja muito bem iluminado são as pessoas idosas. Aliás, sempre que iluminarmos locais públicos devemos colocar a quantidade de luz que atenda as pessoas mais velhas – elas devem ser o padrão, logo, ao calcular a iluminação pelas fórmulas tradicionais, aumentem em 25% a iluminância, que é dada em Lux. Quando a norma da ABNT indicar 300 Lux para determinado local, coloque 375 Lux.

Corredores

São obrigatórios os sensores de presença, pela economia de energia, mas devemos ter cuidado de não colocar fluorescentes tubulares ou compactas, cujo número de acendimentos é predeterminado. Com o acende e apaga, terão sua vida reduzida drasticamente. Toda a eventual economia de energia do sensor de presença será eliminada pelo valor da manutenção das lâmpadas, que em vez de 7.500 a 8 mil horas, durarão muito menos.

Utilizar lâmpadas de filamento na qual o número de acendimentos que não interfere na vida útil, ainda é a melhor solução. Halógenas de todos os tipos podem e devem ser indicadas.

Apartamentos

A iluminação dos **apartamentos** segue o que indicamos para os dormitórios residenciais, mas como estamos falando de dar conforto ao hóspede, e isso se traduzirá em futura hospedagem, temos, sim de utilizar o que de mais moderno possa existir em equipamentos. Dimerização, nesse caso, chega a ser "item de série". Para hotéis de maior nível, chego a pensar em colocação de DALI, capaz de criar o ambiente de luz que quisermos, bastando ao hóspede manejar o controle remoto.

Há 16 anos estive num hotel em Curitiba e fiquei maravilhado ao ver que todo o controle do apartamento era feito nas teclas do telefone. Luz, TV, condicionador de ar, tudo centralizado no telefone. Colocar à disposição dos hóspedes as mais novas tecnologias faz a diferença entre atender bem e encantar o cliente.

A iluminação dos espelhos – que deve ser lateral para evitar sombras no rosto e tudo mais, como falamos reiteradas vezes ao discorrer sobre a iluminação de banheiro das residências e provadores de lojas – é abordada insistentemente. Apesar de toda a recomendação, porém, afirmo: em mais de 90% dos hotéis no Brasil, os espelhos dos banheiros têm iluminação que vem de cima e grande parte dessa iluminação é feita com o uso de refletoras dicróicas. Os hotéis gastam fortunas para agradar ao hóspede e quando o cara vai se barbear ou a mulher vai fazer a maquilagem, fica esbravejando pela total inadequação da iluminação.

Muito se tem falado e feito sobe o tema, desde meu livro *Luz, lâmpadas e Iluminação*, precursor nesta área. Outros livros foram lançados, publicaram-se artigos em revistas especializadas e ministraram-se palestras – minhas e de tantos profissionais que se formaram nos últimos tempos. Todos ajudaram e ajudam a formar o que podemos chamar de cultura de iluminação brasileira.

Amigos hoteleiros, ao lerem este livro e este tópico, mudem imediatamente isso, colocando iluminação lateral ao espelho, mesmo que sejam duas simples fluorescentes compactas. Isso não custará mais que R$ 10,00 e essa "gambiarra" deixará o cliente mais satisfeito do que uma esplendorosa luminária com dicróica na parte superior do espelho. Para adequar com funcionalidade e elegância outras lâmpadas podem ser utilizadas, conforme já falamos nos capítulos "Iluminação residencial" e também "Lojas".

Salas de reuniões e convenções

As salas de reuniões e convenções devem seguir o conceito de iluminação dinâmica com gerenciamento da luz usando-se o Sistema DALI. Assim, poderá tanto servir para simples reuniões de rotina como para reuniões especiais, com projeção, sala de palestras e até como um grande auditório de apresentações especiais.

Os locais destinados para esses eventos em hotéis, muitas vezes são divididos por paredes móveis. Pode ser um grande salão dividido em cinco salões ou salas menores. Quando retiradas as divisórias, tudo se transforma, podendo ficar 2, 3 ou apenas um grande salão de eventos.

Aqui entra a importância do Sistema DALI, que pode deixar programada a iluminação para cada sala individualmente, bem como para duas ou três salas e ainda para o salão inteiro. Isso se deve à capacidade e à flexibilidade desse revolucionário sistema, que gerencia a iluminação por endereço de reatores. O controle da luz pode ser ao mesmo tempo por controle remoto, um para cada sala e controle por teclas em cada sala. Isso confere um dinamismo fantástico à iluminação, sem necessidade de grandes fiações e mesas de iluminação com inúmeros controles. Tudo é controlado por um simples controle remoto – tipo o de TV – ou por teclas – como um interruptor.

Além do controle da quantidade de luz por sala, podemos sofisticar e colocar lâmpadas fluorescentes coloridas, tipo RGB, fazendo a cor de luz necessária para cada momento: reunião, convenção, feira, palestra, show e por aí afora, até uma infinidade de situações e cores de luz.

Na iluminação de hotéis, devemos pensar em iluminar como uma residência. Devemos, porém, ousar mais, com equipamentos de última geração, como se fosse um palacete de luxo de algum grande magnata, pois para este, como para a maioria dos hotéis, dinheiro para investir em tecnologia de ponta não é problema.

Hotéis são ícones de iluminação funcional, racional, elegante e moderna.

Exemplo disso é aquele hotel em Dubai cuja forma é a de vela de barco. É de uma suntuosidade luminotécnica ímpar, com equipamentos proporcionais àquele imenso investimento derivado dos petrodólares.

ILUMINAÇÃO INDUSTRIAL

Nas indústrias, como tantos outros ambientes, notamos uma grande evolução nos conceitos de iluminação. As exigências legais começaram a

aumentar à medida que cresce a produção. A concorrência é cada vez mais acirrada, e cada detalhe passou a ser fundamental.

Dessa forma, saímos das antigas calhas fluorescentes penduradas por correntes para reduzir o efeito do pé-direito alto – em que as lâmpadas expostas ficam repletas de fuligem e poeira além de apresentarem perda significativa na capacidade de iluminar –, e avançamos rumo a projetos modernos, com lâmpadas e luminárias de última geração.

Utilizam-se atualmente desde fluorescentes HO na cor 840, passando por T-5 de 54 ou 80W, sempre em luminárias fechadas e à prova de poeira e explosão, passando por lâmpadas a vapor de sódio, nas quais não é necessária a reprodução de cores, e chegando às metálicas, tipo HQI em todas as potências. É imprescindível que usemos sempre luminárias e projetores com pro-

> Nesta área industrial a luz fluorescente complementa o bom aproveitamento da luz natural. Conjugar a luz natural com a luz artificial é o que chamo de casamento perfeito.

teção, assim poderão ser limpos com facilidade (em alguns ambientes ficam empoeirados em poucos dias ou semanas), e a manutenção passa a ser o diferencial entre a iluminação projetada originalmente e a que está reduzida por essa ação poluente.

Para **indústrias pesadas**, como fundições e siderúrgicas, as preferidas são as metálicas de 400 w, mas algumas optam por instalar as lâmpadas de sódio, porque são para iluminar produtos brutos mesmo. Particularmente, recomendo sempre as metálicas, pois há um fator adicional em favor delas: a temperatura de cor na faixa de 5.000K, que reduz o efeito de sonolência nos operários, fator preponderante na produtividade.

Na dúvida ao iluminar uma indústria, devem ser usadas lâmpadas de vapor metálico.

Nas indústrias onde é necessária uma boa reprodução de cores, nunca se deverá utilizar lâmpadas de vapor de sódio; logo, a preferência pelas metálicas cresce sobremaneira.

Em indústrias com regimes de **trabalho intenso,** nas quais a capacidade de atenção deve ser redobrada, recomenda-se a utilização das fluorescentes tubulares T-5 Sky White na cor 880 na temperatura de cor de 8.000K, que, pela redução do hormônio do sono, evitará sonolência, fazendo crescer em muito a produtividade.

Na **indústria alimentícia** não se deve utilizar temperatura de cor de luz muito alta, luz branca, pois a luz branca tem abundância de raios UV, os preferidos por insetos de luz.

A luz amarela não atrai insetos, por isso as chamadas lâmpadas anti-inseto são amarelas. A luz amarela não atrai insetos, pois o raio de luz nessa faixa de cor não é percebido pelos olhos dos insetos.

É importante colocar longe da área de manipulação de alimentos, preferencialmente perto das aberturas, armadilhas para insetos. Assim será possível evitar a proximidade deles em relação aos alimentos que estão sendo industrializados. As armadilhas são lâmpadas com grande emissão de UV capaz de atraírem os insetos. Em volta delas, há resistências elétricas que os carbonizam. São muito comuns em açougues.

O controle sanitário nos tempos atuais – graças a Deus – é bem rígido, por isso nunca é demais relembrar:

- Luz branca atrai insetos
- Luz amarela **não** atrai insetos.

Muito comum se pensar que a luz amarela tem o poder de afastar os insetos, mas, como vimos, ela simplesmente não os atrai.

ILUMINAÇÃO ESPORTIVA

Podemos afirmar que craque na iluminação esportiva é, na atualidade, a lâmpada metálica, tipo HQI ou similar.

Qualquer que seja o local que iluminaremos para praticar esportes, a melhor opção serão as metálicas, variando apenas o tipo e a potência, bem como o modelo de luminária – refletor.

- **Para iluminação lateral**, normalmente em quadras abertas, usam-se projetores retangulares com lâmpadas tubulares.

- **Para Iluminação tipo down-light**, quadras fechadas, os projetores são cilíndricos com lâmpadas ovóides.

Esportes indoor e assemelhados

Em quadras cobertas ou mesmo abertas de pequeno tamanho, onde se praticam vários esportes, como futsal, futebol 7, futebol-soçaite, basquete, vôlei, parque de piscinas etc., obtemos a melhor resposta com o uso de HQI 400W.

O principal detalhe a ser levado em conta é a orientação das luminárias, que devem cobrir uniformemente toda a área onde se pratica o esporte, sem espaços de sombra nem o sempre temível ofuscamento, que para os goleiros é fatal. Para um levantador de vôlei ou um atacante também é de muita importância que não haja ofuscamento, já que a bola seguidamente vem de cima e pode coincidir com os raios de luz, tornando-se um grande complicador.

Metálicas HQI Short de 1.000 e 2.000W e similares representam a modernidade em grandes arenas esportivas. As metálicas de 1300 ou 1500 W, muito utilizadas no Brasil são uma forma intermediária entre as tradicionais HQI 2000W/N de rosca E-40 e esses sistemas mais modernos de 1.000 e 2.000W.

Na verdade em muitos esportes pode haver essa complicação. Por isso, é de suma importância a observação do ângulo em que a luz incidirá sobre o plano, a quadra.

Sabemos que calcular a quantidade de lâmpadas e luminárias não é coisa complicada, mas o realmente difícil é acertar a orientação da luz. A correta colocação das luminárias pode variar de quadra para quadra, de esporte para esporte.

Nesse caso cabe a observação feita ao abordar os passos do projeto: entrevista com quem vai utilizar o espaço a ser iluminado.

Mas não se assustem não, pois é questão de tempo e prática para o projetista saber qual a angulação da luz para determinado esporte, e a grande maioria deles requer uma orientação semelhante, por vezes até igual.

O que mais complica normalmente é a altura dos postes, quando a iluminação é lateral. Postes baixos tendem a causar ofuscamentos freqüentes; por isso, as ori-

entações no capítulo específico sobre alturas em relação a cada lâmpada.

Exemplo: colocando uma metálica HQI de 2000W num poste de 10m, é quase impossível não termos uma profusão de ofuscamentos, pelo excesso de concentração de luz aliado à alta potência da lâmpada.

A iluminância requerida para prática de esportes profissionais e olímpicos chega a 800/1200 lux, mas na faixa de 600 lux é o que se encontra na maioria dos casos.

Para esportes com menos exigência profissional, 300 Lux chega a ser muito bom.

Quadras de tênis

Parece incrível, mas já vi quadras de tênis iluminadas com lâmpadas a vapor de sódio. Além da péssima reprodução de cores, o amarelo da luz se confunde com o amarelo da bolinha e acertá-la passa ser o verdadeiro jogo.

O tênis exige a mais alta eficiência de iluminação, pois a bolinha é diminuta e extremamente rápida. Metálicas tipo HQI 400W são as preferidas, mas existem alguns caso de utilização de metálicas de até 1000W.

Campos de futebol

Devido à grande dimensão dos campos e ao aspecto fundamental da orientação das luminárias, utilizam-se normalmente metálicas.

O padrão sempre foi dois ou três postes de cada lado do campo, com aproximadamente 72 até 96 projetores com metálicas de 2.000 W.

O direcionamento das luminárias é feito a partir dos postes, para que toda a área de jogo seja iluminada de forma parelha, deixando em cada espaço o nível de iluminamento exigido.

Atualmente temos vários estádios em que os refletores são instalados na marquise das arquibancadas, ficando mais fácil fazer a cobertura de luz em todo o campo, pois os refletores ficam em linha em toda a extensão do gramado. O cuidado nesses casos é para que a marquise não seja baixa, pois isso causaria ofuscamento nos atletas.

Existem hoje estádios com várias posições dos refletores. Isso é possibilitado pela grande precisão dos refletores, que têm CDL (Curva de Distribuição Luminosa) extremamente precisa, calculada por computador, de forma que a luz atingirá o campo na intensidade desejada e previamente calculada, tanto horizontal como verticalmente.

Os modernos refletores deixaram de ser retangulares para se tornar cilíndricos. A última geração utiliza lâmpadas metálicas de 1.000 ou 2.000W do tipo short, que por serem pequenas são colocadas transversalmente à luminária, que emite uma luz muito intensa e precisa.

No Brasil penso que não tenhamos ou se tivermos são pouquíssimos estádios com essa tecnologia. Basta dizer que o estádio de futebol do Pan – o Estádio João Havelange, ou Engenhão – não a utilizou.

Nas últimas copas do mundo e olimpíadas, os estádios foram iluminados com esses modernos refletores e suas fantásticas lâmpadas metálicas de 2.000W – tipo HQI- Short.

No Estádio João Havelange foram utilizados refletores cilíndricos, mas para lâmpadas de 1.500W com rosca E-40, como existem em muitos estádios brasileiros. É uma tecnologia intermediária, que ainda não se compara à que citamos anteriormente.

Os tipos usados nas arenas olímpicas e das copas de Japão e Alemanha, pelo que sei são caríssimos e com alguma variação as empresas que os possuem, são a OSRAM com a HQI-Short e a PHILIPS, com o Arena Vision.

Dá para notar que acabou o tempo em que se colocavam algumas lâmpadas mistas penduradas ou em refletores laterais e estava feito o jogo, digo, a iluminação. Estou convicto de que a iluminação dos estádios de futebol evoluiu muito mais do que o jogo e a qualidade do futebol jogado.

Com uma iluminação bem projetada, com lâmpadas metálicas tipo HQI ou similar, o goleiro não poderá dizer que sofreu um "frango" por causa da iluminação, o que era muito normal e ainda ocorre, em campos ou quadras mal iluminadas.

Projetos: personalidades próprias 133

Praça das Palmeiras - Brasília (DF) - Projeto de Peter Gasper

ILUMINAÇÃO PAISAGÍSTICA

Com grande espaço para criação atualmente, a iluminação de jardins e praças ganham grandes aliados, especialmente no que diz respeito aos tipos de fontes de luz colocadas no mercado na última década. Com isso apareceram algumas formas criativas de iluminar vegetações:

Volumes

Quando se quer salientar o volume da vegetação, coloca-se a iluminação por trás dela, de forma que apareça a sua silhueta. Olhando-se pela frente, observa-se o contorno de árvores e arbustos, valorizando o volume do conjunto.

Metálicas HCI com refletores de alta precisão e as refletoras HCI-Par, destacam os caules e copas das árvores fazendo uma iluminação artística de intensa beleza.

Para conseguir esse efeito é utilizada luminária com fachos abertos, que sejam abrangentes em grandes espaços, permitindo assim o efeito indicado.

Metálicas de 150 à 400W tipo HQI, em refletores de facho aberto são normalmente as que melhores conferem tal efeito.

Copas das árvores

Para valorizar o volume apenas das copas das árvores, devemos colocar uma luminária refletora ou uma lâmpada com essa característica diretamente direcionada para as copas, iluminando de baixo para cima. Esse efeito valorizará apenas os galhos e as folhas da parte superior da vegetação.

LâmpadasrRefletoras – halopar 30 e metálicas Par 30 são, normalmente, as mais indicadas para essa iluminação de destaque.

Conseguindo uma iluminação das copas que venha de forma lateral ou de cima, valorizaremos as folhas e os galhos do alto das árvores, destacando seu colorido.

Para isso deverá haver postes mais altos ou de altura igual à das árvores. Usar uma árvore mais alta para iluminar a copa de uma mais baixa é um recurso muito bom.

Outro recurso interessante é a colocação de pequenas lâmpadas/luminárias iluminando por dentro das árvores, os espaços de galhos e folhas. Isso confere efeito de destaque total da vegetação, tornando a árvore realmente luminosa. Aproveitam-se os galhos da própria árvore para fixação das luminárias, cuidando sempre para não machucá-la.

Caules das árvores

Para valorizar os caules com efeito de destaque direto, criando uma iluminação com jogo de claro-escuro, colocam-se refletoras direcionadas do chão para cima, em luminárias herméticas – à prova de chuva –, lançando um facho de luz concentrado que tem a função de destacar o caule e alongá-lo. É um dos mais belos efeitos de uma iluminação paisagística, pois causa contraste e valoriza o caule sobremaneira, é como se a árvore emitisse a luz.

Refletores com foco fechado ou lâmpadas refletoras como as Par 30, halógenas ou metálicas cumprem bem esse papel de destacar os caules.

Devemos cuidar para não aproximar muito a lâmpada-luminária do caule, pois o calor emitido pela luz prejudicaria a circulação da seiva, fazendo a árvore adoecer.

A distância deve ser sempre a maior possível, sem prejudicar o efeito desejado.

Marcação de caminhos

Uma forma de tradicional de indicar os caminhos dentro de um jardim, de uma praça ou parque com vegetação é a utilização de postes com luminárias. Com o advento das lâmpadas fluorescentes compactas, esse tipo de iluminação tornou-se econômica, pois podemos colocá-las dentro das pequenas luminárias que farão o

Marcação de caminhos nos jardins com o uso de LEDs cresce cada vez mais, face a sua economia, a sua durabilidade.

efeito luminoso de indicação dos caminhos como iluminação saindo de forma lateral das luminárias – side light.

Também se pode direcionar a luz sendo para baixo por uma luminária assimétrica, iluminando apenas o caminho.

A colocação de pequenas luminárias refletoras no meio-fio, jogando a luz para o caminho, fornece um resultado bem interessante, com a iluminação rasteira apenas do caminho.

Atualmente temos uma opção ainda mais econômica, os *LEDs*, com enorme durabilidade e consumo mínimo de energia.

Outra forma bem interessante e de belo efeito é a colocação de luminárias de piso para fazer essa marcação. Nesse caso o mais indicado é a instalação de LEDs, que, por sua durabilidade, praticamente dispensam manutenção.

Muitas são as formas de conseguir esse efeito de demarcar caminhos num jardim. Como em outros ambientes, a diferença ficará por conta da criatividade do projetista.

Para a iluminação de jardins, é necessário utilizar lâmpadas com ótima reprodução de cores, justamente para valorizar as cores, que são a vida de uma vegetação. Metálicas normais, especialmente as de tubo cerâmico, bem como a halógenas, que são menos eficientes no tocante à quantidade de luz emitida por energia consumida, mas tem IRC de 100 – excelente reprodução de cores – devem ter a preferência.

ILUMINAÇÃO PÚBLICA

Neste capítulo tentarei mostrar que iluminar uma via pública é muito mais do que pendurar lâmpadas nos postes. Atualmente há programas científicos de manutenção da iluminação, que acusa cada ponto de luz queimado, possibilitando que a empresa gerenciadora do sistema faça uma manutenção racional e eficiente, deixando a cidade sempre iluminada.

Municípios com essa tecnologia deixaram para trás a famosa reclamação por um número telefônico – normalmente ocupado – de que determinada rua está às escuras.

Sei de casos em que o grande índice de reclamação à Prefeitura, que sempre fora iluminação, foi reduzido drasticamente, tendendo a zero, com a utilização desses softwares especiais. Ao contrário, a iluminação passou a ser o item mais elogiado em todas as pesquisas na cidade.

Isso, somado à utilização de lâmpadas a vapor de sódio, trouxe, além dos elogios, a fantástica redução no consumo de energia, que passou a ser fator decisivo no sistema de administração municipal.

- **Antes** Luz inferior, ruas mal iluminadas e com muitos pontos apagados e consumo alto de energia.

- **Atualmente** Luz superior, ruas bem iluminadas, sem pontos apagados e com economia de energia.

Sabemos que inúmeros municípios ainda estão longe de utilizar toda essa tecnologia em benefício da população. Até grandes capitais ainda têm problemas na iluminação pública, mas devemos reconhecer o incentivo do Governo Federal para esse setor. Logo, é simples questão de tempo a boa e econômica iluminação de todas as cidades.

Ruas, praças e avenidas

Quando pensamos em iluminar uma via pública, é necessário pensar em iluminar a pista de rolamento e as calçadas. Para isso, devemos utilizar luminárias que dirijam a luz exatamente para esses locais. Ao andarmos por aí, notamos luminárias de rua que jogam luz para todos os lados, inclusive para janelas de residências, por absoluta falta de conhecimento, já que isso se deve ao uso de luminárias inadequadas ou à falta de manutenção – luminárias deslocadas pelo vento.

Esse um problema pode ser resolvido com a instalação de programas como o citado anteriormente. Por enquanto, porém, os administradores precisam entender que iluminar bem é iluminar certo, com equipamentos adequados. Além disso, não se pode esquecer que "o barato sai caro".

Felizmente, a fase em que as prefeituras aceitavam qualquer tipo de lâmpa-

Ponte Afonso Pena - Itumbiara (GO) - Projeto Schréder

Ponte iluminada com metálicas de tubo cerâmico em refletores precisos fazem esse efeito de cartão postal.

das, independentemente da qualidade e da origem, está chegando ao fim. Hoje já se exige preço, origem e qualidade. Durante alguns anos houve uma invasão de lâmpadas asiáticas de péssima qualidade e, como não havia nenhum impeditivo nos editais de concorrências, as prefeituras eram obrigadas a comprar lâmpadas e luminárias de má qualidade, porque tinham de obedecer à lei em que o preço é predominante. Atualmente quem compra lâmpadas para iluminação pública tem o cuidado de colocar nos editais exigências de qualidade, como ensaios em laboratórios nacionais de reconhecida idoneidade, como LABELO, da PUCRS, e IEE, da USP. Também exigem durabilidade mínima em horas, apesar de que neste item ainda há muita controvérsia no que diz respeito à confiabilidade das informações. Por serem lâmpadas de longa vida útil – mais de 20 mil horas- as condições de medição da vida real são inespecíficas. Com o passar do tempo, também nesse item as medidas serão conferidas e checadas na prática. Só então passaremos a ter uma seleção natural, com certificação fornecida para produtos realmente com qualidade total, ou seja, a mensuração de todos os parâmetros.

À medida que essas e outras medidas acontecem, ocorre a melhora na qualidade da iluminação pública.

O que se requer é a iluminação de ruas e avenidas com vapor de sódio, que tem luz amarelada, e os pontos especiais, praças, túneis e rótulas, com metálicas de luz branca. A luz branca chama atenção para esses locais diferenciados, contrapondo-se ao amarelado das vias.

Uma praça de múltipla vegetação pede luz branca de ótima reprodução de cores – acima de 90 – das metálicas.

Fachadas

Iluminar fachadas é algo que pode ser simples ou muito complicado. Quando falarmos de fachadas planas, teremos várias alternativas para bem iluminar, como por exemplo:

- **Banho de luz** – Colocam-se refletores potentes, jogando-se uma grande quantidade de luz

A Catedral de Itajaí (SC) mostra como a utilização de iluminação pontual com o uso de refletores de alta precisão pode transformar uma igreja num verdadeiro monumento, em nada devendo às iluminações européias. Cada espaço utilizou uma potência de HCI, de 35w, 70w e 150w.

Igreja Matriz do Ssmo. Sacramento - Itajaí (SC) - Projeto Schréder

luz para dar um verdadeiro banho de luz na fachada como um todo, iluminando de forma parelha. A técnica, como sabemos, tem o nome inglês de wall washing.

- Lâmpadas – Metálicas e vapor de sódio
- Halógenas – pequenas fachadas

■ **Pontual**   Veremos mais especificamente no próximo item – Monumentos Históricos. Os detalhes da fachada são iluminados de forma pontual e, no somatório dos vários pontos de luz, acontecerá o efeito buscado.

■ **Mista**   Quando damos um banho de luz em determinadas partes da fachada e pontualmente valorizamos os detalhes com outra cor de luz ou diferença de intensidade, o resultado será algo realmente belo e impactante. O prédio assim iluminado parece estar saindo do lugar, projetando-se para frente, graças ao efeito luminoso.

- Lâmpadas – Metálicas de duas tonalidades de cor
    - Metálicas e halógenas
    - Vapor de sódio e metálica

Monumentos

Quando se trata de iluminar monumentos históricos, prédios tombados pelo Patrimônio Histórico Nacional, a iluminação torna-se definitivamente arte pura, pois além de lidar com a luz devemos entender o valor artístico de cada prédio e de cada monumento. É importante ter sempre em mente a legislação, que manda respeitarmos as características do prédio.

Projetos: personalidades próprias 141

Memorial Getúlio Vargas - Rio de Janeiro (RJ) - Projeto de Peter Gasper

Há casos, por exemplo – e isso é rotina – em que não há como chegar com o cabo de energia, pois as paredes não podem ser furadas nem se pode deixar fios à mostra. Aí é que vem a verdadeira operação de guerra – guerra artística – para conseguir chegar com energia até o local indicado.

Quando não conseguirmos fazer o cabo chegar ao local, será necessário utilizar refletores de alta concentração para jogar luz no local de forma remota – a distância.

Isso é apenas um exemplo das dificuldades de se iluminar tais monumentos. Há muitas outras dificuldades que aparecem, variando de caso a caso; por isso, não pode existir uma fórmula padrão para resolvê-las.

Vejamos um prédio com várias janelas, todas com muitos detalhes. Devemos conseguir luminárias – refletores – de vários ângulos de abertura de facho, um pra cada janela, em tamanhos diferentes; um para cada tipo de lâmpadas em relação à potência. Alcançaremos, assim, várias alturas com a luz, para dar sensação de simetria.

Felizmente a indústria de luminárias evoluiu e podemos ter uma mesma base, tipo um tijolo; dentro dela o espelho ótico espalhará a luz com várias CDLs – Curva de Distribuição Luminosa. Essas luminárias em forma de tijolos como que desaparecem no sistema, ficando camufladas nos parapeitos, pois sua largura não ultrapassa a das janelas.

Num prédio histórico, como uma catedral por exemplo, são utilizadas várias potências de lâmpadas. No caso, as indicadas são as metálicas de última geração com tubo cerâmico, tendo em vista a estabilidade da cor da luz até o final da vida da lâmpada. Isso garante que a fachada ficará iluminada de forma parelha enquanto as lâmpadas durarem.

- Lâmpadas HCI e HCI-Par ou CDM e CMD-R de 35W até 150W – normalmente

Quando tratamos de iluminar **fachadas de prédios mais modernos**, temos muitas opções, algumas de relativa facilidade de instalação, como o uso de lâmpadas refletoras em luminárias de piso, jogando a luz em intervalos regulares para cima, contra a fachada. Isso dará vida à fachada, pois ela apresentará o sempre bom resultado do jogo de luz e sombra em listras simétricas.

- *Lâmpadas refletoras halopar 30*
- Lâmpadas refletorar HCI-Par 30 ou CMD-R
- Projetores com HCI-TS

As lâmpadas refletoras distribuem a luz diretamente, enquanto luminárias-projetores se encarregarão da distribuição luminosa na fachada em lâmpadas não refletoras, tipo HCI-TS.

Podemos conseguir efeito semelhante fazendo um down light, isto é, a instalação das luminárias na parte de cima da parede, lançando o facho de luz para baixo. Tudo vai depender de onde temos mais espaço para a colocação das luminárias.

Quando houver painéis com dizeres – tipo front-light – na fachada, serão necessários os mesmos cuidados que com a iluminação dos painéis internos das lojas.

Temos de respeitar, e muito, a capacidade de reflexão dos materiais da fachada do painel, ou seja, nunca colocar a luz de forma frontal, pois ela será refletida no painel, causando ofuscamento. O que estiver escrito, desenhado ou fotografado não aparecerá; e a luz, em vez de iluminar fazendo aparecer melhor a figura do painel, embaralhará a imagem.

Com imagem em painéis e fachadas com brilho, sempre fazer um banho de luz com luminárias assimétricas que iluminam em ângulo oblíquo, eliminando o efeito de reflexão da fonte de luz.

Quando se tratar de estátuas ou equivalentes, o cuidado será para bem direcionar a luz, pois conforme o ângulo, a imagem pode ser totalmente alterada pela iluminação. Aqui vale o mesmo que para a iluminação do espelho, se feita de cima ocasiona sombreamento no rosto.

Certa feita, durante um casamento, notei que o Cristo acima do altar estava muito estranho. Depois de algum tempo analisando a iluminação, me veio a resposta. Fora colocada uma lâmpada refletora aos pés da imagem. Essa luz de baixo para cima provocava um sombreamento tal no rosto de Jesus, que no lugar daquela expressão de doçura e piedade, tinha algo de dramático, que inspirava sentimentos totalmente opostos ao que sempre Ele pregou – não tinha nada de santidade.

Quando a luz mal colocada consegue fazer Jesus ficar com cara de mau, imaginem o que não será capaz de fazer em muitas outras situações. Portanto, todo o cuidado é pouco ao iluminar imagens, monumentos e estátuas.

A luz deve ser usada para melhorar os objetos e mostrá-los até mais bonitos que realmente são. Como um remédio, que cura se usado na dose certa, também pode matar se for mal dosado.

Este é um capítulo apaixonante justamente por tratar de algo mais artístico. Cada situação pede uma solução diferente e nem de longe podemos esgotar o tema neste livro, como de resto nenhum outro assunto abordado nesta obra o será. Isso é IMPOSSÍVEL, visto que iluminação é das matérias mais extensas e dinâmicas que se conhece. Esse dinamismo, essa mutação constante é que torna tão apaixonante trabalhar e estudar a luz, especialmente a luz artificial.

Equívocos em projetos

Muitos são os equívocos que podem ocorrer durante um projeto luminotécnico, tanto na elaboração como em sua execução.

Citaremos alguns mais freqüentes (do leitor, espero colaboração para informar sobre experiências que resultaram em erros de projeto, para enriquecer uma provável segunda edição deste trabalho).

Na realidade provocarei você leitor, para que se anime a escrever e trocarmos idéias sobre este fascinante tema, que é luz e seus efeitos.

ESCOLHER LÂMPADAS INADEQUADAS

Podemos calcular tudo muito bem e dimensionar a quantidade de luminárias, mas escolhemos as lâmpadas erradas. Colocar lâmpadas de alta temperatura de cor num ambiente que quer acolhedor, aconchegante, pode um erro e erro grave num projeto, pois alterará totalmente seu resultado.

Colocar lâmpadas halógenas para iluminar uma vitrine com artigos de chocolate será catastrófico: o calor derreterá os produtos.

Muitos são os enganos na hora de escolher e instalar as lâmpadas, por isso recomendo muita atenção na definição das lâmpadas. Para evitar esse tipo de erro, o melhor jeito é mesmo fazer aquilo que brasileiro não gosta e não tem costume: ler o catálogo do fabricante. Isso é facilitado atualmente, pois os catálogos existem normalmente, na forma virtual, no site do fabricante.

Conhecendo as características de cada produto, evitaremos esses equívocos.

LUMINÁRIAS INADEQUADAS

Se não escolhermos luminárias de qualidade, podemos pôr a perder todo o projeto, pois existem fabricantes que colocam em seus catálogos dados referentes à fotometria de seus produtos, sem que estes sejam reais, medidos por institutos e laboratórios idôneos. Simplesmente copiam o catálogo de algum concorrente. O projetista-cliente, pensa que está tudo bem, mas só vai descobrir que a luminária não corresponde ao ver o resultado de seu projeto, diferente do que imaginara quando calculou quantidade e disposição das luminárias no recinto. Quem está no mercado de iluminação tem condições de saber e até de orientar sobre as marcas de luminárias confiáveis. Na dúvida, peça para o fabricante apresentar o certificado de ensaio de seus produtos.

MISTURA DE MARCAS

Por mais que se possam parecer visualmente, lâmpadas de marcas diferentes tendem a apresentar resultados diferentes.

Acontece seguidamente de se misturar duas marcas numa mesma instalação, considerando que os dados de catálogo são iguais, e ter como resultado cores diversas ou mesmo fluxo luminoso diferente.

Embora esse problema seja mais provável de ocorrer com produtos de marcas diferentes, até a procedência do produto pode apresentar diferença de resultado. Uma lâmpada de determinada marca é fabricada nos Estados Unidos e outra, de mesma referência, vem da Europa. Mesmo sendo de mesma marca podem apresentar aparência e resultado de luz diferentes entre si. Sabemos que não deveria haver essas diferenças, mas na prática isso tem ocorrido.

Procure sempre colocar produtos de mesma marca e procedência. É mais seguro, e o resultado estará garantido com mais tranqüilidade.

DIFERENÇAS DE ALTURA DE TETOS

Desconsiderar algum desnível do teto, por comodidade, é um erro que leva a complicar os resultados. Quando houver alguma diferença entre alturas, mesmo que não seja muito grande, deve-se considerar isso e recalcular, pois muitas vezes a colocação de um mesmo tipo de lâmpada com potência menor pode atenuar essa diferença. A menos, é claro, que se deseje iluminar mais a área em que o teto tem um rebaixo.

Por vezes fica melhor se trocarmos o tipo de luz daquele local de diferente altura, fazendo uma espécie de ambiente destacado.

É necessário, porém, estudar caso a caso, verificando se essas diferenças de altura de teto terão maior ou menor influência na iluminação geral do ambiente.

IDADE DOS USUÁRIOS

Ainda há projetos em que se descuida deste fundamental detalhe: a idade de quem usará o ambiente.

O ser humano está vivendo mais e daí decorre essa necessidade de adequação. Quando alguém de 50 anos era considerado velho decrépito, a diferença de luminosidade por idade não era notada. Atualmente se vive mais de cem anos, logo precisamos definir a idade do ocupante do prédio e, se for de uso comum, como prédios públicos, devemos nivelar por cima, ou seja, colocando-se mais luz , como se todos tivessem mais de 70 anos.

CARGA ELÉTRICA

Depois do projeto pronto e da instalação realizada, o disjuntor vive caindo. Qual o problema? Esquecemos de calcular a potência total do sistema.

Para evitar isso, devemos verificar com o engenheiro elétrico se o total da potência instalada para a iluminação será suportada pelo sistema elétrico do prédio. Parece trivial, mas muitas vezes isso não é considerado, especialmente em prédios mais antigos, pois em novos, imagina-se que quando for dimensionada a parte elétrica, já estará definida a carga demandada pela iluminação.

Como falei, podemos ficar escrevendo sobre equívocos em um projeto de forma quase infinita, tantas são as variáveis, mas coloquei apenas alguns itens para alertar ao leitor, que trabalha ou trabalhará com iluminação, como forma de chamar sua atenção para revisar tudo e questionar tudo, mesmo ganhando a fama de "chato". Chato mesmo é notar, na inauguração do sistema, que ele está diferente do que fora projetado, ou inviabilizado de funcionar por alguma limitação imprevista.

O bom projeto

AFINAL: O QUE É UM BOM PROJETO DE ILUMINAÇÃO?

Por tudo que vimos até aqui, devemos concluir que um bom projeto é aquele de não descuida de nada, considera variáveis, detalhes, materiais utilizados, marcas, qualidade dos produtos e tantas outras coisas que registramos neste livro. Para mim, porém, o conceito de bom projeto é mais do que isso.

Quando o projetista contratado – seja para uma grande obra ou para uma única dependência residencial – ligar o sistema de iluminação, deve demonstrar em seu rosto uma luz muito maior do que a que foi projetada e instalada com tanto esmero, qualidade e dedicação. Essa luz que ultrapassa todas as demais não tem fios elétricos nem lâmpadas de filamento ou de descarga, não tem reatores eletrônicos nem cálculos luminotécnicos sofisticados. Sequer precisa de TBC, pois a luz estampada no rosto do nosso cliente e das pessoas que usarão o ambiente é uma luz que vem da alma, brota espontaneamente e ilumina de forma magnífica o rosto das pessoas, é a luz que define um rosto iluminado, nos diz com a validade maior que de um milhão de palavras: "A iluminação está maravilhosa – Parabéns!".

Tendo a busca dessa luz como objetivo, entenderemos que de nada adianta usarmos técnicas sofisticadas, produtos maravilhosos, cálculos requintados, repletos de tangentes, co-tangentes, seno e co-seno, bissetriz e outras medidas tecnicistas, se no final nosso cliente não ficar satisfeito.

Não podemos esquecer que não estamos fazendo uma iluminação para contentar nosso ego de profissional da luz, mas para agradar e bem servir ao nosso cliente e a quem utilizará o ambiente iluminado. Por mais que fiquemos felizes com o resultado de tudo, se os usuários não se sentirem bem no local, fracassamos em nosso projeto.

Também em iluminação, como de resto em todos os seguimentos da vida, o objetivo maior é fazer a felicidade das pessoas. Conseguimos isso iluminando com funcionalidade, beleza, economia, possibilitando que ao utilizar o local as pessoas se sintam muito bem, felizes mesmo.

Perguntas e respostas

Como tenho feito em meus livros – e este é o quinto – gosto de colocar este capitulo, no qual retomo as principais dúvidas sobre o tema e que vão surgindo a cada definição, a cada conceito novo, a cada palestra, a cada aula que ministro. Durante esses eventos, costumo registrar as perguntas e as coloco no final do livro – não só para elucidar questões, mas principalmente para abrir a possibilidade de interagir com o leitor, que pode escrever para meu e-mail

luz.mauri@terra.com.br

fazendo perguntas para que eu possa esclarecer de forma detalhada, criando essa importante sinergia que forma o conhecimento humano pela troca de experiências.

Também utilizo as perguntas dos leitores para colocar nas edições posteriores – que se Deus quiser e você ajudar – serão várias.

Alguns leitores de *Luz, lâmpadas e iluminação* chegam ao exagero de dizer que a parte das perguntas chega a ser tão boa quanto o livro. Fico ruborizado pelo duplo elogio, mas tenho que registrar.

Então, vamos às perguntas:

■ ■ ■ **Sabendo que as lâmpadas claras, transparentes emitem mais luz, em quais situações eu posso usá-las, ganhando com isso em luminosidade?**

As lâmpadas transparentes realmente têm um maior fluxo luminoso – emitem mais luz – numa mesma potência, mas em compensação ofuscam mais, logo o seu uso é indicado para luminárias com algum anteparo antiofuscante, como vidro leitoso, fosco, jateado, martelado ou equivalente. Quando colocamos uma lâmpada fosca ou leitosa dentro de uma dessas luminárias, perdemos muito em fluxo luminoso, pois normalmente são concebidas para as lâmpadas claras.

Podemos usar lâmpada leitosa – silicada – numa luminária fechada com um desses acabamentos citados, mas o contrário é que não pode ser indicado – lâmpadas claras em luminárias abertas ou com vidros transparentes. A exceção é para um ambiente de pé-direito alto, em que o efeito ofuscante seja atenuado pela altura.

■ ■ ■ **Reatores eletrônicos trabalham em alta freqüência e distribuem sujeira no sistema elétrico, causando problema de funcionamento em equipamentos eletro-eletrônicos. Por que simplesmente não continuamos a utilizar reatores magnéticos, que não causam esse tipo de problema?**

Visto apenas pelo ângulo de perturbações na rede elétricas, estarias cheio de razão, porém há outros valores em jogo, mais importantes que isso. Reatores magnéticos não podem ser dimerizados, logo tudo o que falamos sobre as maravilhas do gerenciamento do sistema de iluminação não existiria. As lâmpadas duram menos sendo operadas com magnéticos. Peso, consumo de energia, carga térmica e outros detalhes sepultam definitivamente no passado o reator magnético.

Além disso, os reatores eletrônicos não são o vilão do sistema elétrico que está pintado na pergunta. Os reatores de alta performance – não confundir com alto fator de potência – têm filtros para todos os tipos de perturbações que poderiam interferir na rede. Notem que é uma questão apenas de escolher o produto correto, com THD menor que 10, fator de fluxo luminoso perto de 1, filtros de radiointerferência etc.

Em geral, os reatores mais baratos não têm esses filtros. Novamente aconselhamos a leitura da etiqueta ou do catálogo dos fabricantes, para verificar se atende aos requisitos de proteção do sistema elétrico.

Até bem pouco tempo apenas reatores importados de Europa ou EUA tinham esses filtros. Atualmente, porém, já se produzem no Brasil reatores de boa qualidade e alto cuidado técnico. Até o momento em que escrevo penso que apenas os reatores nacionais para fluorescentes T-5 ainda não têm a qualidade esperada, inclusive em relação a esses dados, mas principalmente quando ao tipo de partida, pois essas T-5, por serem muito finas, requerem partida com preaquecimento. Os nacionais, salvo últimos lançamentos, são com partida instantânea, que abrevia a vida da lâmpada.

Espero que quando este livro estiver no mercado já tenhamos reatores nacionais para T-5 com partida preaquecida, pois quanto menos dependermos de importação, melhor para todos.

■ ■ ■ Instalando um Sistema DALI, com uma central, poderei operá-lo com mais de um controle remoto?

Uma central de comando DALI permite atender a vários controles remotos e isso é uma vantagem adicional, quando pensamos na situação mencionada neste livro, o caso de hotéis, onde temos várias salas e conseqüentemente várias programações da iluminação.

Quando na sala 1 houver uma palestra em que seja necessária uma determinada situação de luz que na programação foi definida com cena 3, por exemplo, basta que o operador tenha um controle remoto e acione a tecla referente à cena 3.

As demais salas, programadas com outras cenas, 2, 4, 1, 5, continuarão sendo acionadas normalmente pelos demais controles.

O único cuidado é deixar claro para quem tiver o controle que a cena 3 é referente à sala 1 e assim por diante (convenhamos que não é tarefa das mais difíceis).

■ ■ ■ Posso iluminar uma área de 100m² apenas com lâmpadas refletoras, como as dicróicas, e obter como resultado uma iluminação geral parelha e sem sombras?

As lâmpadas refletoras originalmente foram desenvolvidas para iluminação de destaque e não para iluminação geral, porém há situações em que se pode usá-las com boa resposta. Devemos considerar, para obter uma iluminação parelha e sem sombras no chão ou no plano de trabalho, a abertura do facho – CDL ou cones de luz –, de maneira que haja uma intersecção de um cone de luz de uma lâmpada no da lâmpada vizinha e assim sucessivamente. Numa linguagem simples, a luz de uma lâmpada ultrapassando um pouco a luz da outra, fazendo com que não se formem sombras. Caso as lâmpadas estejam separadas, ou seja, sem essa "união" de uma luz com a outra, faremos "manchas" de luz no chão, que serão intercaladas por partes sem iluminação, fazendo as áreas de sombras.

Para se conseguir o efeito desejado, considera-se a abertura do facho – cone de luz – em relação à distância da lâmpada, pois quanto maior for a altura, mais se espalhará a luz no chão, pois há uma perfeita relação entre altura e intensidade de luz. Quanto menor for a altura maior será a intensidade de luz e menor será o diâmetro do círculo que a luz formará no chão. Quanto maior for a altura maior será o diâmetro do círculo de luz e menor será a intensidade luminosa.

Considerando-se tudo isso, podemos dimensionar a quantidade e a qualidade da luz capaz de fazer um plano iluminado de forma total e parelha.

Para a iluminação geral com refletoras, existem lâmpadas melhores que as dicróicas, que produzem menos ofuscamentos, como as lâmpadas par, sejam as halógenas ou as mais eficientes, como as metálicas tipo HCI-Par / CDM-R.

■ ■ ■ No meu banheiro não existe possibilidade de colocar iluminação lateral. Existem quatro pontos de luz na parte de cima. Como faço para iluminar de forma eficiente, sem o sombreamento no rosto?

Na verdade em um número ainda grande de residências, especialmente apartamentos, quando é feita a parte elétrica não é prevista a iluminação adequada, muito em função da falta de conhecimento, visto que iluminação é um tema ainda desconhecido para muitos, por incrível que possa parecer. É mantido, nesses casos, o padrão antigo de pontos de luz acima do espelho.

Para resolver, em parte, o problema, a sugestão é de se instalar lâmpadas com luz difusa nessa parte superior e, na iluminação geral do banheiro, colocar-se uma luz mais forte, que se espalhará pelo ambiente, chegando ao espelho e ao rosto da pessoa, reduzindo em muito o efeito de sombras.

Mesmo para casos de colocar dicróicas na parte de cima do espelho, podemos torná-las difusas, aplicando-se um vidro difusor na frente da luminária. Existem inclusive globinhos de vidro jateado que se encaixam em algumas luminárias. A vantagem de se usar esse artifício em vez de utilizar lâmpadas incandescentes normais leitosas, naturalmente mais difusas, é que uma dicróica de boa qualidade dura até 4.000 horas, enquanto que as incandescentes normais duram entre 750 e 1.000 horas. Além disso, haverá a melhor qualidade de luz de uma halógena, que é a dicróica.

Tudo isso atenua o problema, mas a melhor solução é a luz lateral.

■ ■ ■ Para iluminar uma fachada onde se destacam letras de metal, tipo aço escovado, em relevo, como fazer para que este relevo não provoque sombras no letreiro? Colocando a luz de baixo para cima, as letras projetarão uma sombra para cima e vice-versa, se a luz vier de cima. Colocando-se a luz perpendicular às letras, pode não haver sombras, mas o foco refletirá nas letras causando embaralhamento – ofuscamento. Existe solução para isso?

No início da década de oitenta, quando não se contava com muitas alternativas de luminárias e projetores, diante de um letreiro desse tipo fizemos várias experiências com alguns tipos de projetores e lâmpadas, em várias posições. Finalmente desistimos de buscar uma solução e resolvemos deixar o letreiro sem iluminação direta e de destaque.

Para nossa surpresa, essa foi a melhor solução, porque a iluminação da avenida era captada pelo metal escovado, refletindo de forma suave, mas definida, com grande destaque para o letreiro – fachada.

Cito esta história ocorrida há quase 30 anos para deixar uma frase que dá muito que pensar: "Algumas vezes iluminar bem é não iluminar". Dessa frase nos vem o entendimento que iluminar bem não é iluminar com muita luminosidade, muita iluminância, mas colocar a quantidade de luz certa para a situação certa. Na média está a virtude, diz o provérbio latino.

Por isso, foram criadas fórmulas para calcular a iluminação de um ambiente. Assim dimensionamos a boa luz, ou seja, na quantidade certa, com todos os demais cuidados citados neste livro.

■ ■ ■ **Instalei lâmpadas refletoras AR 111 para destacar roupas em uma loja. Depois de algum tempo notei que as roupas estavam desbotadas, marcadas com círculo onde batia a luz. Descobri então que refletoras não podem estar próximas dos objetos. Devemos evitar essa proximidade?**

Na verdade toda a luz irradia calor, especialmente UV e IR e, quando se trata de refletoras com alta concentração de luz como uma AR 111, o calor também é concentrado. Logo, quando instaladas perto dos objetos, provocam desbotamento. Aconselhamos a colocação da luz sempre longe dos objetos. Qual a distância necessária? A maior possível sem perder o efeito da luz. Colocando-se muito longe não desbotará os objetos, mas também não iluminará. Uma AR 111, por exemplo, tem como grande característica o ângulo de luz preciso, permitindo iluminação a longas distâncias, logo não tem sentido colocá-las a pequenas distâncias dos objetos. Para isso há outros tipos de lâmpadas com luz mais fria.

■ ■ ■ **Para iluminar árvores e vegetação em geral devo usar essas lâmpadas metálicas coloridas, como a de cor verde, que valoriza a vegetação?**

Se colocarmos uma lâmpada dessa cor em um jardim que tenha apenas *vegetação verde*, com certeza ela será valorizada.

Como normalmente num jardim há uma grande variedade de cores, principalmente por causa das flores, ao usarmos uma lâmpada de luz verde estaremos matando as cores do jardim.

Nesses casos a preferência é sempre por lâmpadas com ótima reprodução de cores, que valorizem todas as tonalidades dos ambientes e não apenas uma cor.

Para iluminar apenas uma árvore, é valido usar esse tipo de lâmpada de uma só cor, mas isso não surtirá um bom efeito quando iluminarmos jardins multicoloridos.

Vale o mesmo para fachadas, onde tem se usado essas lâmpadas coloridas. Muito cuidado!

Para destacar fachadas com uma única cor, tudo certo. Se a fachada for de múltiplas cores, porém, há de se usar o mesmo critério que indicamos para a vegetação.

Paredes neutras podem receber a luz da cor que quisermos para valorizá-las. Há cores bonitas, como a luz verde, azul, lilás que devem ser utilizadas sempre com um fim específico, o de valorizar e destacar uma cor.

O problema é que virou modismo. Alguns profissionais da luz começaram a usar as coloridas indistintamente, vulgarizando sua utilização e seu efeito.

Na dúvida, para iluminar uma parede verde, coloque uma metálica branca de ótima reprodução de cores, assim o verde será ressaltado.

O primeiro impacto da iluminação com lâmpada colorida é bonito, mas num segundo momento começa a haver saturação, o que não ocorre com as lâmpadas neutras.

Esse efeito é muito comum em automóveis. Um flamante carro na cor verde ou azul é muito lindo na agência, mas depois de usá-lo durante meses ou anos, queremos trocar de carro. Na verdade o que desejamos é trocar a cor do carro. Isto é real: as cores neutras são mais duráveis para nosso gosto.

■ ■ ■ Por que a luz que ilumina algumas vitrines ofusca quem está em frente a elas?

Um grande erro na iluminação de vitrines é deixar aparentes as lâmpadas para quem está no lado de fora da loja observando os produtos. A menos que se usem lâmpadas/luminárias de última geração, com facho bem definido e concentrado, devemos colocar um anteparo na parede de cima da vitrine de maneira a "esconder" as lâmpadas, não permitindo que a luz vá para fora. A luz deve iluminar a vitrine e os produtos, não os rostos dos clientes.

Com lâmpadas tipo par ou AR 70, AR 111, sejam halógenas ou metálicas, esse efeito não acontece, pois a luz é direcionada de forma muito precisa para roupas, artigos e manequins. É um conceito novo de iluminação de vitrines, pela valorização dos produtos via jogo de luz e sombras.

■ ■ ■ Como destacar alguns objetos num living usando apenas uma tonalidade de luz no ambiente?

Normalmente é mais fácil destacar objetos usando uma cor de luz diferente, porém, quando se utiliza a mesma tonalidade de luz, temos de aumentar bem o fluxo luminoso na luz de destaque – não menos que 50%, sendo ideal até uma diferença maior. Quanto maior for a quantidade de luz na iluminação de destaque em relação à geral, maior será a definição, gerando um contraste maior, inclusive com cor de luz igual ou semelhante.

Mesmo quando a luz de destaque for de cor diferente, deve haver uma diferenciação na intensidade de luz, para dar um maior realce. Quando se tratar de luz de mesma cor, é necessário que a diferença seja maior para ser notada.

■ ■ ■ Na iluminação antiga de hospitais, usavam-se lâmpadas fluorescentes normais, com pintura de pó standard, cujo IRC fica abaixo de 70. Qual o efeito em relação aos pacientes?

Qualquer pessoa iluminada com luz fluorescente tradicional, as antigas T-12 e T-10 fica com uma aparência parda, parecendo doente. Numa pessoa enferma, o efeito é potencializado. Este era o grande erro na iluminação dos hospitais com lâmpadas antigas.

Com lâmpadas modernas com pó trifósforo, as cores naturais são evidenciadas. As lâmpadas mais novas, como as T-8 e T-5 na cor 840, 830 ou 880, têm IRC acima de 80, o que faz uma diferença bem grande no aspecto geral da pele das pessoas.

Como sabemos, já existe no Brasil a linha 900, com IRC acima de 90, essas seriam as ideais para hospitais.

■ ■ ■ Calculei a iluminação de um ambiente e depois da instalação das lâmpadas e luminárias notei que o resultado não foi o esperado. O que fazer?

Os motivos são os mais diversos, como o dono do prédio resolver trocar a cor das paredes e do teto, pintando-os de uma cor mais escura que a original. As paredes mais escuras absorverão parte da luz, modificando o resultado geral do projeto. Nesse caso a melhor forma é fazer uma iluminação complementar, com iluminação de destaque ou mesmo um banho de luz nas paredes.

Em 2004 colaborei na iluminação dos moderníssimos vestiários do Estádio Beira-Rio, do Sport Club Internacional, de Porto Alegre. Na área de aquecimento dos atletas, projetamos luminárias aletadas com fluorescentes de 58W na cor 840. Pelo cálculo, teríamos no local aproximadamente 450 lux. No dia do teste da iluminação dos vestiários, tudo ficou elogiável, com iluminação irrepreensível, em nível igual ou superior aos melhores estádios da Europa, com exceção da sala de aquecimento.

Quando o vice-presidente de patrimônio – Pedro Afatato – ligou dizendo que havia pouca iluminação, cheguei a pensar que era uma forma jocosa de parabenizar meu trabalho, pois o método utilizado para o cálculo fora o mesmo, logo, o resultado deveria ser igual em todos os ambientes. Usei a técnica do TBC e chegando lá descobri, já na entrada, o mistério. Depois de tudo instalado, foi colocada uma rede de proteção para que a bola não batesse nas luminárias, há uns 70 cm delas. E o pior, rede na cor preta. O efeito foi calamitoso e chegou a ser até decorativo, pois a luz se projetava na rede causando um efeito de teias de aranha na parte da rede que absorvia quase 40% da luz projetada para o ambiente.

Como corrigimos? Colocando projetores assimétricos com lâmpadas metálicas de 150W, jogando luz para as colunas, paredes e sempre para cima, pois não poderia haver luz para baixo para não ofuscar os atletas, especialmente os goleiros. Usamos luz complementar ao projeto.

■ ■ ■ É verdade que a luz pode alongar uma coluna?

Mais do que verdade é um recurso que pode e deve ser usado. Quando colocamos uma luz vinda de um refletor, como de uma AR 111, no alto de uma coluna fazendo aquela pincelada de luz que se alonga pela coluna abaixo, além de iluminar de forma maravilhosa, cria o efeito de alongamento.

O mesmo ocorre se a coluna for iluminada de baixo para cima.

A luz cria inúmeros outros efeitos, como alargamento de uma sala, rebaixamento de um teto, redução do espaço e marcação de espaços. A luz tem essa propriedade meio mágica.

■ ■ ■ Os LEDs, com sua estupenda economia e durabilidade, acabarão com todos os tipos de lâmpadas?

Trabalhamos atualmente com a hipótese mais provável, ou seja, de uma coexistência pacífica entre os LEDs e as demais fontes de luz, pois ainda haverá por muito tempo determinados locais que exigirão outros tipos de luz, sejam fluorescentes, metálicas etc. Basta lembrar que quando apareceram as fluorescentes não houve a eliminação das lâmpadas de filamento, que até hoje são usadas e continuarão sendo por muito tempo, especialmente nas versões econômicas – que as indústrias se apressam a lançar, pela proibição das incandescentes comuns.

■ ■ ■ Com todos esses esclarecimentos e, mais ainda, a possibilidade de poder perguntar por e-mail sobre minhas dúvidas, claro que mesmo eu não sendo profissional da luz, posso fazer um grande projeto, pois adquiri conhecimentos para isso com a leitura dos teus livros. Estou realmente capacitada para esse trabalho, mesmo não sendo profissional?

O fato de ter aprendido com a leitura dos livros me deixa muito feliz, mas se prestaste bem a atenção, deves ter lido em alguma parte deles que eu, como especialista em iluminação, peguei a missão de auxiliar, de prestar consultoria para quem faz projetos de iluminação e disso me orgulho. Não recomendo a "automedicação" e sempre indico que um profissional deva ser procurado para grandes projetos, pois o arquiteto de iluminação tem condições e preparo para fazer todo tipo de projeto. Tem curso superior, normalmente especialização em iluminação e até doutorado na matéria e sabe todos os detalhes que fazem um grande projeto. Claro que mesmo um grande profissional, um arquiteto de iluminação se abastece nos livros, como este, para melhorar seus conhecimentos e isso é normal. Por isso, o mais indicado para essas grandes obras é procurar um profissional da luz, pois ele representa o somatório de conhecimentos adquiridos, não só nos bancos universitários como também em pesquisas.

■ ■ ■ Em Igrejas, cuja iluminação original era feita com velas, pode-se dizer que qualquer luz é luz, ou há alguma indicação específica para iluminar templos?

A pergunta sobre templos religiosos é recorrente. Sempre que abro espaço para perguntas, ela aparece. Fica a impressão de que por algum motivo divino, deixo de falar durante as palestras e acabo fazendo uma abordagem especialíssima nesse momento. Escrevendo este livro não foi diferente. Depois de várias páginas, muitos ambientes e diversos assuntos, me lembrei disso e aqui estou eu, falando ao "apagar das luzes" sobre tão fundamental tema para nossa vida: a iluminação de templos religiosos/igrejas.

As fachadas seguem as mesmas indicações já abordadas quando citamos prédios históricos.

Internamente, porém, há pontos que devem ser destacados pela iluminação:

- **Presbitério**: deve ter uma luz diferente da geral da igreja, pois é onde os ritos acontecem. As pessoas devem chegar ao templo e ter sua atenção voltada a esse local, onde se situam importantes pontos:
- **Altar** – Deve ter uma luz projetada sobre a mesa/altar em que acontecem a consagração, as oferendas e praticamente toda a parte litúrgica. Uma refletora de foco fechado, tipo AR 111, de 4 graus, pode focar o missal para facilitar as leituras do celebrante.
- **Ambão** – É o lugar onde fica a Bíblia e são feitas as leituras evangé-

licas, tanto pelo padre como pelos leigos. Luz focada – pontual, como a que colocamos no altar.

- **Nave** – É onde ficam os bancos e os fiéis que participam da celebração.

Iluminação com temperatura de cor agradável, que induza ao relaxamento e à meditação. Nada pior para um culto ou uma missa do que fiéis inquietos nos bancos. Ao colocarmos uma luz branca, que deixa as pessoas muitas despertas e irrequietas, estamos, de certa forma, atrapalhando o rito. A luz correta ajuda o celebrante, pois todos tendem a ficar mais compenetrados.

Altares auxiliares com estátuas ou imagens de santos, com iluminação pontual, focada, que deve ser feita também nos locais de leitura dos cantos e onde ficam os que animam musicalmente a missa ou o culto.

▪▪▪ As lâmpadas INCANDESCENTES estão mesmo com os dias contados, por causa do chamado efeito estufa, do calor emitido e do consumo excessivo de energia?

Atualmente há um movimento mundial muito forte contra as chamadas incandescentes comuns, acusadas de consumir muita energia e produzir mais calor do que luz. Na Austrália, bem como em alguns países europeus e também em nossa vizinha Argentina, já existe uma lei proibindo sua utilização a partir de 2010. Quando se fala em incandescentes proibidas, são as comuns mesmo, pois existem lâmpadas que são incandescentes em seu processo de funcionamento, mas são econômicas, como as halógenas, por exemplo, e não se pensa em acabar com elas, pois já trazem no seu conceito de luz, economia de energia e eficiência.

Penso haver precipitação e certa dose de modismo nas providências tomadas por esses países, pois outros tipos de lâmpadas têm impactos na ecologia e estão sendo endeusadas como salvadoras da pátria ou das pátrias. Lâmpadas de descargas, em cujo interior há metais pesados, como o mercúrio, estão sendo indicadas como sucessoras preferenciais das incandescentes.

Nem tanto ao mar, nem tanto a terra. Tanto as incandescentes como as fluorescentes têm suas virtudes e seus defeitos, como de resto, tudo que existe ou habita este mundo. O ser humano tem qualidades e defeitos, logo, devemos acabar com ele? Exemplo grotesco para chamar atenção que, ao querer acabar com as incandescentes, os governos estão, na verdade, legislando em matéria que não conhecem e poderão fazer mais mal do que bem para a população, pois as incandescentes em alguns casos facilitam demais a vida de todos, pois tem IRC de 100, ótima temperatura de cor (2700K) e facilidades de instalação. Seu impacto ao meio ambiente é mínimo e essa história de efeito estufa, além de ainda não estar totalmente explicada, é polêmica, pois há teses que desmentem tudo isso.

Da mesma forma as fluorescentes são execradas por causa do mercúrio. Vamos acabar com as fluorescentes também, que até fazem mais mal à natureza que as incandescentes? O que se há de fazer é controlar para que os dois tipos tenham sua utilização de forma coerente e eficaz e, no caso das fluorescentes, cobrar uma orientação correta quanto ao descarte e à reciclagem. Atualmente chovem leis municipais e estaduais que querem obrigar os fabricantes recolherem as lâmpadas para esse fim. Caso não haja um controle e uma boa orientação nesse processo, contando com o apoio da indústria, as leis que aparecem por aí e crescem dia a dia, poderão mais prejudicar do que ajudar.

Devemos ter cuidado muito especial com a logística, pois transportar fluorescentes não é transportar pilhas ou baterias, pois são frágeis e possivelmente quebrarão no trajeto se o transporte não for adequado.

As recicladoras existentes no Brasil fazem esse trabalho com excelência e tudo está funcionando bem. O problema é que ninguém quer pagar pelo trabalho, uma atividade econômica como tantas outras, já que essas empresas vivem de recolhimento e reciclagem. Não seria conveniente as fábricas fazerem esse trabalho. Demandaria muito tempo até estarem em condições de descartar as lâmpadas, pois não é essa sua especialidade. Se essa danosa hipótese acontecesse, por desaviso do poder público, no preço da lâmpadas estaria incluído o trabalho adicional. Então, o ideal é utilizar o modelo existente, como em muitos países: a reciclagem terceirizada.

Na verdade todos fogem desse assunto, mas terá de ser encarado, mais cedo ou mais tarde. Sei que o melhor é apenas aprimorar o sistema já existente, com uma maior utilização das recicladoras brasileiras. Exigir que indústrias que fabricam lâmpadas passem a "desfabricá-las" não é um bom caminho, por uma questão de especialização. Fábricas fabricam e recicladoras reciclam.

O que está em jogo e é discutido esconde uma verdade: todos querem fugir do custo da reciclagem, mas alguém terá de pagar por esse custo, que em qualquer hipótese será repassado para o preço dos produtos. Disso não há como fugir.

Fica minha sugestão: repensem essa história de acabar com as incandescentes e tratem melhor as fluorescentes.

■ ■ ■ Leio em revistas de iluminação palavras em inglês para definir algum tipo de iluminação e por vezes me confundo. Como explicar isso?

Como por muito tempo não tivemos um cultura própria de iluminação, naturalmente importamos termos estrangeiros, mas, com o tempo e a consolidação de nossa cultura, podem ser abrasileirados. Por ora, seguem as principais expressões e o significado:

Tipos de Iluminação:

- **Wallwasher** – Banho de luz
  - Quando queremos destacar a parede e iluminar de forma indireta, por reflexão. A parede faz às vezes de luminária
  - Cuidado com a textura da parede.

- **Downlighting** – Luz de cima para baixo
  - Normalmente usada em iluminação geral e embutidos, mas pode também ser usada para destaque com luz perpendicular ao objeto.
  - Quando em refletores de foco fechado, destacam e alongam colunas.

- **Uplighting** – Luz de baixo para cima
  - Normalmente para luz de destaque de fachadas, vegetação, colunas e paredes.
  - Quando com refletores de foco fechado, alonga colunas.

- **Sidelighting** – Luz Lateral

- **Backlinghting** – Luz que vem de trás do objeto
  - Muito usada em painéis publicitários, dentro de bandejas acrílicas.
- **Frontlighting** – Luz frontal
  - Também utilizada em painéis.
  - Melhor solução com refletores assimétricos.
- **Chapada** – Luz geral distribuída uniformemente, sem destaques.
- **Destaque** – Luz pontual para destacar objetos e locais.

■ ■ ■ E as perguntas que não estão registradas no livro, como fazer?

Como nos livros anteriores, basta remeter sua dúvida para meu e-mail:

luz.mauri@terra.com.br

que responderei com riqueza de detalhes, esclarecendo suas dúvidas e colocando LUZ para clarear o assunto, eliminar suas dúvidas e possibilitar que possas concluir que o título deste livro é verdadeiro:

ILUMINAÇÃO – Simplificando o Projeto.

A simplificação está na forma como coloquei os esclarecimentos, mas também na facilidade de contato comigo, o que torna tudo muito mais simples.

Exemplo de simplicidade e beleza

Há pouco, com o livro já na fase de revisão, estive na cidade de Joinville e fomos jantar no Restaurante Polinésia, após uma palestra para arquitetos.

Quando coloquei os olhos no lustre central, fiquei deslumbrado com sua beleza. Pensei: "Lustre de cristais num restaurante de petiscos e frutos do mar chega ser uma excentricidade e um desperdício de dinheiro". Ao chegar mais perto, porém, notei algo que me deslumbrou ainda mais, pois além de belo tinha algo realmente fantástico, diferente, criativo, espetacular mesmo: era totalmente confeccionado com conchinhas.

Nas fotos podemos notar todo o efeito e a criatividade dessa peça que tanto chamou minha atenção.

Esse lustre, artesanal, de rara beleza, torna física a intenção deste livro, ou seja, para se conseguir fazer um bom projeto nem sempre são necessárias formulas matemáticas complicadas. Podemos, sim, fazer excelentes trabalhos de iluminação trilhando o caminho da simplicidade – sem banalização, claro.

Criatividade, sensibilidade e emoção, entre outros detalhes, são fundamentais para a realização de um grande projeto de iluminação.

168 ILUMINAÇÃO - Simplificando o projeto

A criatividade faz um lustre de conchinhas parecer feito de material nobre, como vidro, cristal. No detalhe podemos notar claramente as conchinhas que formam a peça que virou destaque.

Com a leitura desta obra, vimos que existem alguns caminhos para percorrermos na busca do bom projeto e que de forma simples, mas ordenada, chegaremos ao nosso objetivo.

De nada adianta uma grande formação acadêmica e pós-acadêmica em iluminação, se esquecermos muitos detalhes informados e sugeridos neste livro. Da mesma forma, para um projeto profissional, não devemos abrir mão da contratação de um arquiteto de iluminação. A categoria se organizou na ASBAI – Associação Brasileira de Arquitetos de Iluminação –, fundada na época em que lancei *Luz, lâmpadas e iluminação*, no qual fiz uma referência especial à ASBAI. Hoje a ASBAI é uma realidade e em fase de inauguração de sua sede própria.

Em outras palavras, seja pelos arquitetos de iluminação, seja por qualquer outro profissional que se interesse pela luz, incluindo nós que escrevemos sobre o tema, forma-se no Brasil o que chamamos Cultura Brasileira de Iluminação. E todos, indistintamente, colaboraram e colaboram para isso, dos fabricantes de lâmpadas, luminárias e outros materiais de iluminação, dos profissionais da luz – arquitetos de iluminação –, até a dona de casa mais esclarecida, que ao comprar uma lâmpada exige qualidade e desempenho.

Parabéns a todos!

Conclusão

A luz abre caminhos de luz

Tenho tratado muito de luz desde que comecei a ter contato com ela, quando entrei na empresa em que trabalho até hoje. Como funcionário da OSRAM do Brasil – Lâmpadas Elétricas Ltda. consegui aprender sobre este fantástico tema, que é como a famosa peça brasileira – *Trair e coçar é só começar* –, pois no momento em que começamos a tratar desse assunto, não dá para parar mais. Uma coisa leva a outra e uma lâmpada leva a outra. Quando a gente fala sobre um tipo de produto, já vem à mente outro; quando se consegue um efeito, outro já nos vem à mente. Quando aparece um tipo moderno de lâmpada, luminária e outros equipamentos, parecendo ser definitivo, logo aparecem outros ainda mais revolucionários.

Assim tenho trilhado essa estrada há mais de 35 anos, aparecendo a cada dia, cada semana, cada ano, uma novidade. Em cada esquina, uma nova luz e em cada encruzilhada, uma luz maior a indicar o caminho mais correto a seguir.

Todo esse meu envolvimento com a luz artificial em todos os seus aspectos fez com que eu escrevesse, há mais de cinco anos, o livro *Luz, Lâmpadas & Iluminação*, um grande sucesso de vendas e de crítica, e me encorajou a escrever esta obra que neste momento finalizamos.

Nos últimos anos tenho feito incontáveis palestras e ministrado outras tantas aulas sobre iluminação. Escrevo isso sem nenhuma conotação de vaidade, mas sim de estupenda alegria em poder abordar de forma sistemática minha paixão pela iluminação.

Quando olho para a estrada percorrida com o auxílio da luz que fui aprendendo conhecer, fico imaginando a que se abre para conduzir ao futuro. Tenho então a consciência de que a LUZ abriu para mim muitos caminhos e concluo que, entre tantos caminhos abertos, o principal foi o da Luz da Amizade, pois conquistei muitos amigos e outros tantos continuarei conquistando. Com uma incomparável felicidade, vejo a grande verdade diante dos meus olhos, que a LUZ abre caminhos de LUZ.

Para os que querem ter um entendimento mais completo nos aspectos de lâmpadas e efeitos que a luz proporciona, recomendo a leitura da obra original, que citei várias vezes neste trabalho, o livro *Luz, lâmpadas e iluminação*.

Que a Luz da Vida os acompanhe por muitos e muitos anos!

LED - A Luz dos Novos Projetos

Autor: MAURI LUIZ DA SILVA
144 páginas
1ª edição - 2012
Formato: 15,5 x 22,5
ISBN: 9788539901821

LEDs representam uma nova forma de luz. E Mauri Luiz da Silva - especialista em Iluminação - com incontável número de palestras e cursos ministrados sobre luz e seus efeitos, aborda o tema com sua forma de escrever que é, ao mesmo tempo, técnica e de fácil compreensão. Portanto, este livro é indicado para estudantes, profissionais da luz, instaladores, vendedores e compradores de produtos de iluminação e todos os que se interessam pelo tema.Nesta terceira obra sobre iluminação – que é o sétimo livro de sua carreira –, Mauri traz informações para que essa novidade luminosa, utilizada com conhecimento, ajude a construir ambientes que tragam conforto às pessoas. A iluminação deve servir aos seres vivos, transformando ambientes e melhorando suas emoções na incessante busca de uma melhor qualidade de vida. Leiam e constatem que, efetivamente, o LED é a luz dos novos projetos.

À venda nas melhores livrarias.

Luz, Lâmpadas e Iluminação

Autor: *Silva, Mauri Luiz da*

160 páginas - 3ª edição - 2004
ISBN: 8573933097
Formato: 16 x 23

O gaúcho de Porto Alegre, Mauri Luiz da Silva, neste seu livro, aborda o tema da iluminação. Originalmente um poeta, já com livro publicado e sucesso de vendas, o autor fala desta vez sobre um assunto tão importante na vida atual: a luz, que em alguns de seus efeitos, resulta de grande sensibilidade.

Além de uma fonte de consultas para profissionais de iluminação, estudantes de engenharia, arquitetura entre outros cursos técnicos, pode e deve ser lido também por toda e qualquer pessoa que se interessa pelo tema. As informações aqui registradas, bem como as dicas e esclarecimentos, são muito interessantes tanto para quem quer fazer um grande projeto de iluminação, como para quem quiser simplesmente iluminar adequadamente sua residência.

À venda nas melhores livrarias.

Impressão e acabamento
Gráfica da Editora Ciência Moderna Ltda.
Tel: (21) 2201-6662